Julia Grosse

EIN LEBEN LANG

Was wir von unseren Großeltern
über die Liebe lernen können

Hoffmann und Campe

1. Auflage 2018
Copyright © 2018
by Hoffmann und Campe Verlag, Hamburg
Umschlaggestaltung: Sarah M. Hensmann
© Hoffmann und Campe
Umschlagabbildung: Azurhino/shutterstock
www.hoca.de
Gesetzt aus der Bembo
Satz: Dörlemann Satz, Lemförde
Druck und Bindung: CPI books GmbH, Leck
Printed in Germany
ISBN 978-3-455-00279-9

Ein Unternehmen der
GANSKE VERLAGSGRUPPE

Für B.

»I want you in my life till the day I die, baby.«
D'Angelo, Higher

INHALT

EINLEITUNG

Ich schreibe ein Buch über das Geheimnis lebenslanger Liebe. Über erfüllte Zweisamkeit bis ins hohe Alter und wie (und ob) so etwas überhaupt möglich ist.

Ein Buch über die Suche nach der ewigen Liebe zu schreiben, ist natürlich riskant. Ich denke beim Begriff »ewige Liebe« schnell an Herzsymbole, an Treue-Tattoos auf Schulterblättern und pathetische Schwüre aus Powerballaden. Für mich ist das eher befremdlich. Die Idee oder die Erwartungshaltung, ein Leben lang zufrieden zu zweit zu sein, als Lebensgemeinschaft oder Ehepaar, wirkt für viele inzwischen ohnehin überholt. Es gibt unzählige Formen und Konstruktionen des Zusammenseins, sie sind flexibel und haben zum Teil gar nicht mehr den Anspruch auf das »Bis-dass-der-Tod-euch-scheidet«. Und überhaupt lebt es sich, im Unterschied zu früheren Zeiten, für viele Menschen heute bestens allein, die Bindung an einen Partner ist immer seltener abhängig von ökonomischen und sozialen Aspekten.

Und doch: Das Thema der niemals endenden, schmerzerfüllten Suche nach der wahren Liebe bestimmt bis heute unsere globale Kultur. Pop, Holly- und Bollywood, Liebeslyrik. Die zärtliche Verbundenheit mit einem Menschen ist eines der wichtigsten, mächtigsten Gefühle in unserer Brust.

Umfragen stellen zwar einen Trend zu individualisierten Lebensformen fest, zeigen aber auch, dass die Sehnsucht nach der einen, großen Liebe nach wie vor dominiert. »Etwas Rätselhaftes scheint der Liebe anzuhaften, etwas, das man nicht ganz genau wissen und nur unzulänglich erklären kann. Dies allerdings trifft auch auf den Urknall zu oder die Frage, wie das Wetter in zwei Wochen sein wird. Und dennoch erregen Urknalltheorie und Wettervorhersage die Dichter und ihr Publikum weit weniger als alles, was mit der Liebe zu tun hat«[1], schreibt Patrick Süskind in seinem Essay »Über Liebe und Tod«. Und diese Erregung und Faszination, von denen er spricht, stellt sogar gesundheitliche Vorteile in Aussicht: So lebt es sich aus medizinischer Sicht in stabilen, glücklichen Beziehungen angeblich länger, man esse gesünder, altere besser.

Grund dafür, dass zumindest ich mich jenseits der Klischees und Herzsymboliken mit diesem Thema beschäftige, sind meine Großeltern. Meine Übervorbilder für eine funktionierende Langzeitbeziehung. Ich wurde durch ihre Bilderbuchehe verwöhnt und von diesem Märchen mit Happy End eingelullt. Paul und Irmels liebevolle Partnerschaft hat mir in Bezug auf Liebesbeziehungen eine ordentliche Gehirnwäsche verpasst. Wie im Guten, so im Schlechten. Die beiden waren 70 Jahre lang ein Paar. 70 Jahre! Das sind 25 550 Tage. Oder 613 200 Stunden, in denen man vielen Menschen begegnet, mit einigen davon eine Weile sehr eng verbunden ist und sich von anderen wieder trennt. Wie aber ist es, wenn man diese ganze Zeit mit ein und demselben Partner verbringt? Ihn 70 Jahre lang begehrt, respektiert, ein ganzes Leben lang gemeinsam mit ihm wächst, ihm vertraut, mit ihm trauert, genießt, aber eben auch altert, schwächer wird und sich schließlich für immer von ihm verabschieden muss. So war es bei meinen Großeltern, die beide im majestätischen Alter von 99 Jahren gestorben sind.

Ich bin mit meinem Partner seit über zehn Jahren zusammen. Und im Kontext heutiger Erwartungen an Zweisamkeit ist das eine lange Zeit. Man wird Experte genannt oder Beziehungsmethusalem. Doch die Vorstellung, dass mein Partner und ich das Ganze noch weitere fünf Jahrzehnte so munter fortführen, ohne uns irgendwann miteinander zu Tode gelangweilt oder komplett zerstritten und entfremdet zu haben, fühlt sich bizarr an.

Natürlich möchte ich mit meinem Mann auch jenseits der Rente und des stressigen Alltags ein wunderbares Leben verbringen. Aber wie bewältigen wir den Weg dahin?

Die Beziehung meiner Großeltern war geradezu unmenschlich, und die Zugewandtheit und Liebe der beiden zueinander so groß, dass keiner aus der Familie mitzuhalten vermochte. Meine Mutter und ihre Zwillingsschwester wurden mit der Erwartungshaltung groß, dass die Ehe, die sie später führen würden, mindestens genauso unfassbar toll sein müsse. Was natürlich zum Scheitern verurteilt war. Denn das, was meine Großeltern uns allen vorlebten, war Fluch und Segen zugleich. Kein Mittelmaß, keine Kompromisse, dafür totale Zuneigung und Toleranz. Streiten wegen Haaren im Waschbecken? Wäre meinen Großeltern viel zu trivial gewesen. Wieso sollte man mit seinem Seelenverwandten und *partner in crime* über weltliche Überflüssigkeiten wie leere Zahnpastatuben diskutieren? Haben Romeo und Julia auch nicht getan. In der Zeit, in der andere sich angifteten, gingen meine Großeltern lieber auf Kreuzfahrt. Oder tanzten auf irgendeinem Ball. Mein Großvater stets im Anzug, sie mit ihrem schönen Schmuck. Ihre komplett überfüllten Schmuckschatullen waren für mich das Tor zur Glückseligkeit und der frühkindliche Einstieg in den Konsumwahn. Die beiden fuhren nach Jersey, Griechenland oder Italien, wanderten in den Bergen und feierten jeden Geburtstag groß. Und ich, als Kind und Jugendliche, beobachtete ihr Glück und nahm mir vor, es genauso gut zu machen wie sie. Ich empfand es deshalb schon ziemlich früh als reine Zeit- und Energieverschwendung, mit Jungs zu gehen, bei denen ich mir nicht vorstellen konnte, das große Los gezogen zu haben. Während meine Freundinnen auf Partys knutschten, suchte ich nach dem Einen. Und wirkte dabei wie eine der tragischen, uncoolen Figuren, deren trauriger Suche nach der Liebe wir uns im Deutschunterricht viele gelbe Reclam-Hefte lang widmeten. Wenn mir nicht sofort beim ersten Anblick eines jungen Mannes das Herz bis zum Hals schlug vor Begeisterung, war das Ganze ohnehin schon zum Scheitern verurteilt. Wenn er schön war, aber beim Öffnen des Mundes dieses Bild in sich zusammenfiel, hatte sich das Thema ebenfalls erledigt. Und er musste mich natürlich auf Händen tragen. Er mich, niemals ich ihn. Das hatte mir mein Großvater jahrelang eingebläut. Nicht, weil er den alten Patriarchen spielte. Eher sah er in meiner Oma seine persönliche Greta Garbo, die man anzubeten hatte.

Dass ich vor zehn Jahren dann tatsächlich den Partner für etwas richtig Ernsthaftes gefunden habe, schob ich auf die gute »Ausbildung« durch meine Großeltern. Andere Beziehungsmodelle, die ja irgendwie auch funktionierten, kamen für mich überhaupt nicht infrage. Beziehungen, in denen man sich zwar mochte, aber nicht mehr verliebt war? Unvorstellbar! Eine Partnerschaft, in der man nicht stundenlang am Tisch saß und angeregt diskutierte? Bemitleidenswert! Konstellationen, in denen man das klassische Rollenmodell durchzog? Beängstigend!

Allerdings musste ich mit den Jahren feststellen, dass meine Strategie einen gewaltigen Haken hatte. Denn die perfekte Beziehung meiner Großeltern zu imitieren, bedeutet nämlich nicht nur Stress, sondern entpuppte sich auch über kurz oder lang als Ding der Unmöglichkeit. Es ging mir irgendwann nur noch auf die Nerven. Mein Partner verdrehte die Augen, wenn ich jedes Mal eine Panikattacke bekam, sobald wir uns stritten. Streiten! Das hatten meine Großeltern in siebzig Jahren kein einziges Mal getan. Und dass es gesund für die Beziehung sei, hielten sie natürlich für ein Gerücht.

Mit der Zeit war ihr Glück offenbar auch für mich zur Anstrengung, zur Herausforderung geworden, die mich total hemmte. Die beiden waren, ohne dass es ihnen überhaupt in dieser Konsequenz bewusst war, Vorbilder, die in meinen Gedanken lange Zeit als drohender Liebesknigge über mir und meiner Beziehung schwebten. Wenn ich es nicht schaffte wie sie, dann konnte ich es gleich vergessen.

Doch dann starben sie plötzlich. Ganz dicht nacheinander, beide kurz vor ihrem 100. Geburtstag, als hätten sie Einfluss darauf gehabt.

Das ist erst wenige Jahre her. Und natürlich will ich ebenfalls 99 Jahre alt werden und im exakt gleichen Moment wie mein Partner von der Bank kippen, wie Philemon und Baucis. Doch bis dahin ist hoffentlich noch ein bisschen Zeit, und ich merke, dass ich meinen eigenen Weg finden muss, mein Glück zu halten und zu genießen. Als mein Mann und ich uns kennenlernten, war alles fast surreal passend. Beide gleich sozialisiert, mein Vater, der Naturwissenschaftler, seine Mutter, die Psychoanalytikerin. Bei ihm wie bei mir zu Hause lief Beethoven ebenso wie Harry Belafonte. Auch die Tatsache, dass wir als Afro-Deutsche die gleichen Erfahrungen teilten, bedeutete ein tiefes Verstehen ohne Worte. Das alles waren für mich Steine für jenes Fundament, auf dem ich innerlich unsere Beziehung aufbaute. Wie gemacht für einander, die Tollsten! So einen passenden Menschen konnte ich doch unmöglich noch einmal finden. Und das empfinde ich bis heute so.

Dennoch ist Streit inzwischen zur Routine geworden, und wir vergessen leicht, uns als Paar zu pflegen. Dass Pflege überhaupt zum partnerschaftlichen Vokabular gehört, war mir nie wirklich klar gewesen, bei meinen Großeltern sah immer alles so leicht aus. *Effortless.* Und auch ich habe ja meinen perfekten Mitspieler gefunden, mit dem alles wunderbar läuft in Momenten, in denen wir beim Koreaner sitzen oder in Südtirol wandern. Definitiv nichts ist wunderbar, wenn wir streitend und verspätet im Stau stecken, hinten plärrt das eine Kind, während sich das andere spontan übergeben muss. Das sind die Situationen, in denen mir die Vorstellung des glücklichen Kreuzfahrt-Ehelebens meiner Großeltern lächerlich vorkommt. Wie gelingt die Pflege in jenen Momenten, in denen die Beziehung von den unattraktiven Seiten des Alltags durchzogen wird? Und bin ich irgendwann nicht zu alt, um an den oberen Stellen unseres Paar-Fundaments das Moos abzukratzen? Oder lässt man es dann einfach wachsen und bleibt entspannt, weil gar nicht alles perfekt sein muss?

»Des Lebens Ruf an uns wird niemals enden«, heißt es in Hermann Hesses oft zitiertem Gedicht »Stufen«[2]. Man pflegt einander und arbeitet an sich und der Beziehung ein Leben lang, denn alles, was lebendig ist, befindet sich permanent in Bewegung und Veränderung. Dieser Fakt ist tröstlich. Das Leben und die Partnerschaft meiner Großeltern im klassischen Nachkriegswohlstand, mit Zweireiher samt Einstecktuch, eleganten Faltenröcken zu beigen Rollkragenpullovern, auf denen die langen Goldketten glitzerten, das war eben ihr Weg gewesen. Es ist nicht meiner. Mein Weg beinhaltet weder Kreuzfahrten noch täglich einen Strauß Blumen von meinem Mann. Ich werde die Partnerschaft, wie meine Großeltern sie gelebt haben, immer bewundern. Doch seit sie nicht mehr da sind, hat sich eine wachsende Neugierde und auch Ungeduld in mir breitgemacht. Wenn das, was sie erlebt haben, phantastisch, aber längst nicht der einzige Weg ist, eine erfüllte Beziehung zu führen, möchte ich die vielen diversen Spielarten der Liebe, der Zuneigung anderer über lange Zeit liierter Paare dringend kennenlernen. Nicht um die Geschichte meiner Großeltern zu entzaubern. Sondern um mich von ihrer Übermacht zu befreien und neue Vorbilder und Variationen des glücklichen Zusammenlebens kennenzulernen. Wie man zum Beispiel streitet und dabei trotzdem nonchalant und zufrieden sechzig Jahre lang eine gute Partnerschaft führt.

Dies ist kein Handbuch für die Liebe, randvoll mit praktischen Antworten. Doch es lässt einen die Idee von Partnerschaft, die Situation der eigenen Beziehung vielleicht neu betrachten. Die folgenden Geschichten sollen Fragen aufwerfen: Wie bereitet man sich auf die verschiedenen Phasen des Lebens vor, und wie durchquert man sie möglichst unbeschadet, von den frühen Jahren des gemeinsamen Wachsens bis zu Schicksalsschlägen im Alter? Wie haben andere das vor uns gemacht?

In den vergangenen Monaten habe ich viele Paare getroffen, die meine Großeltern sein könnten und die zum Teil seit über siebzig Jahren ihr Leben miteinander verbringen. Und dabei immer noch sehr zufrieden und glücklich wirken und ihren ganz eigenen Weg gegangen sind. Um sie zu finden, streckte ich meine Fühler in alle Richtungen aus: Freunde schwärmten von dem Onkel und der Tante als Ausnahmepaar der Familie, ich arbeitete mich tapfer durch unzählige Diamanthochzeitsanzeigen in der Lokalpresse und schrieb Senioreneinrichtungen von München bis New York an.

Es ist also eher eine Spurensuche. Bei Paaren wie den Baumanns, bei denen die Beziehung erst im hohen Alter wie ein schöner Frühling neu aufblühte, da ihm bewusst geworden ist, dass er zu lange nicht für sie da gewesen ist. Ich war bei den Angiamas im Süden Londons, wo täglich nach wie vor diskutiert wird, bis es qualmt, beide aber eine Bergmassiv sprengende Einheit sind, sobald sie gemeinsam beten. Oder die Gülers, die bereits im Kindesalter wussten, dass sie einander eines Tages heiraten müssen, sich später mit sieben Kindern in der schwäbischen Alb eine Existenz aufbauten und nie bewusst den Satz »Ich liebe dich« zueinander gesagt haben.

Ein Leben lang

1

Meine Großeltern

DAS MACHTVOLLE HERZ

You need more than Gerhard Richter
hangin' on your wall
A chauffeur-driven limousine on call
To drive your wife and lover to a white tie ball
you need love
I believe that we can achieve the love that we need
I believe, call me naive
Love is for free
Pet Shop Boys, »Love Etc.«

Wie aus einem spätromantischen Gesellschaftsgemälde von Carl Spitzweg kamen mir meine Großeltern immer vor. Der Mann aus Germering war technisch brillant gewesen, doch wollte ihn die damalige Kunstwelt nie wirklich in ihre Ränge aufnehmen. Porträts wie die des armen, erfolglosen Poeten, der in seinen Kleidern im Bett liegt, hängen bis heute in Wartezimmern deutscher Allgemeinärzte. Mein Vater fand das Bild immer pfiffig. Ich fand es altbacken und trivial. Und obwohl das Leben meiner Großeltern im Grunde wenig mit diesen weltabgewandten Darstellungen gemein hatte, kamen mir stets diese verträumten Spitzweg-Szenen in den

Sinn, wenn ich die beiden zusammen sah. Wie Spitzweg war Paul und Irmel alles Derbe fremd. Fast hundertjährig sitzen sie an ihrem kleinen Wohnzimmertisch, an dem sie täglich ihren Friesentee trinken, die Oberkörper gerade nach vorn gebeugt. Sie lächeln einander an. Es herrscht dieselbe herzerwärmende Stimmung wie in diesen unterschätzten Gemälden, die das beschauliche Leben der Bürger ihrer Zeit einfangen. Meine Oma legt ihre dünn gewordenen Hände auf die noch dünneren meines Opas und sagt ihm mit ihrer weichen Stimme, wie lieb sie ihn habe. Mein Opa nickt und fügt hinzu, er liebe sie wie am ersten Tag. Woraufhin meine Oma ihre Hand noch etwas fester auf die meines Großvaters drückt. Ich sitze mit meiner Mutter und meinem Bruder auf der Couch in der anderen Ecke des Zimmers und unterhalte mich. Wir beachten die beiden, deren Anblick Außenstehende wohl spontan zu Tränen rühren würde, gar nicht mehr. Derartige Szenen gehörten für uns zur Tagesordnung, außerdem war Publikum ohnehin unerwünscht.

Im Universum meiner Großeltern war das Glück zu zweit so innig und eng, dass kein Blatt Papier mehr zwischen sie passte. Wir alle, der Rest der Familie, hatten uns über die Jahre an diese intensive Verbundenheit gewöhnt, waren verdammt zu Statisten auf Lebenszeit, die an dieser Liebesszene immer und immer wieder teilhaben durften. Und manchmal auch mussten, denn es gab sicher auch Momente, in denen einer von uns es gehasst hat, diesen Anblick der perfekten Liebe, während zu Hause die Ehe den Bach hinunterging oder zumindest der Haussegen gehörig schief hing. So etwas konnte an schlechten Tagen das Unbehagen an den eigenen Lebensumständen noch verstärken. An anderen Tagen war es wiederum gerade dieses ewige Turteln meiner Großeltern, ihre Wärme, die den Raum erfüllte und uns allen das Gefühl, ja, sogar die Hoffnung, gab, dass die Welt am Ende doch ein ziemlich schöner Ort war.

Die beiden lernten sich 1938 auf dem Fest einer gemeinsamen Freundin kennen, die bei meiner Geburt schon lange nicht mehr lebte und von der ich immer phantastische Geschichten gehört hatte. Gretel Sauvage. Schon der Name klang geheimnisvoll. »Eine echte Bohemienne!«, sagte meine Mutter stets andächtig. Gretel war Malerin, und ich hatte jahrelang ein düsteres Ölbild von ihr im Flur meiner Studentenwohnung hängen, ohne zu ahnen, dass es von der großen Unbekannten stammte. Sie war freier als viele andere Nachkriegsspießer. Cooler. Kreativer. Und eben auch eine Freundin meiner Großeltern. Für meinen Opa war am Abend des Festes schon alles klar: Diese junge Zahnarzthelferin aus Mühlheim mit den großen braunen Locken und wasserblauen Augen, meine Oma, sollte seine Frau werden. Mit ihrer Fröhlichkeit, diesen bezaubernden Grübchen und dem runden, gut durchbluteten Gesicht war sie ihm schon aufgefallen, als er zur Tür eintrat. Und meine Oma, nun, die war auch interessiert – aber zu der Zeit nicht nur vergeben, sondern noch verheiratet. Mit einem Mann, den ich mir immer wie einen weißblonden großen Schauspieler in den frühen Ufa-Studios vorstellte. Irgendwie verwegen.

Herr B., wie wir ihn in meiner Familie mit höflicher Zurückhaltung nannten, war bereits vor Jahren aus Deutschland ausgewandert und wollte unbedingt, dass meine Oma mit ihm auf einer Plantage irgendwo in der Südsee lebte. Doch sie wollte nicht. Und traf, dank Gretel, an jenem Abend im Jahre 1938 nun Paul, eher Typ Heinz Rühmann, klein, mit rötlichem, lichter werdendem Haar, dicker Brille und seit Jahren als Prokurist in derselben Süßwarenfirma tätig. Doch eben auch blitzgescheit, zum Fürchten gebildet und mit perfekten Manieren, die Adolph Knigge leuchtende Augen beschert hätten. So hätte er sich wohl lieber die hilfsbereiten Hände abgehackt, als einer Frau nicht in den Mantel zu helfen oder ihr die Tür aufzuhalten. Dass meine Tochter heute weiß, wie man das Besteck legt, wenn man einen Nachschlag wünscht, ist das Benimmerbe meines Großvaters.

Dieser kluge, zuvorkommende Mann hatte aber auch etwas Glück, denn der braungebrannte Plantagenbesitzer war weit weg und mehr ein Phantom als ein echter Partner an der Seite meiner Oma. Mein Großvater dagegen war real. Ein perfekter Gentleman, der bereit war, für die Frau seines Lebens zu kämpfen. Er hatte sich in den Kopf gesetzt, meine Oma so lange zu umwerben, bis er sie überzeugt hatte, und wich ihr ab da nicht mehr von der Seite. Selbst der Zweite Weltkrieg konnte seiner privaten Offensive nichts anhaben: Die Familienlegende besagt, dass er sich der Wehrpflicht entzog, indem er vor der Musterung Zigarre rauchte, Espresso trank und wie der Teufel mit dem Fahrrad fuhr, um wenig später mit bedenklichem Herzrasen vor dem Arzt zu sitzen. Seitdem hatte mein Opa jedenfalls einen amtlich diagnostizierten Herzfehler – mit dem er 99 Jahre lang bei bester Gesundheit lebte.

Umwerben, für jemanden kämpfen, jemandem nicht mehr von der Seite weichen. Schon allein diese Verben! Nicht nur, dass sie heute völlig aus der Zeit gefallen klingen. Man tut diese Dinge auch einfach gar nicht mehr. Damals warteten Paare, getrennt durch Kriege oder die Suche nach Arbeit, manchmal Monate, nicht selten Jahre aufeinander. »Ich werde auf

dich warten«, schnürt heute noch jedem die Brust im Kino-
sessel zusammen. Weil es diesen Glauben an das Absolute
damals anscheinend noch gab. Vielleicht gehörten meine
Großeltern einer immer weiter verblassenden Zeit an. Mein
Opa warb und wartete. Nach zwei Jahren ließ meine Oma
sich von Herrn B. scheiden, um zu ihrer neuen Liebe zu
stehen. Der Moment, in dem er sie und ihr Herz gewonnen hatte, inmitten des Zweiten Weltkriegs, blieb für meinen
Opa wohl das Wertvollste, was er besaß.

Bald siebzig Jahre waren sie verheiratet und haben in der
Zeit nicht viele Tage ohne einander verbracht (ich habe den
einen tatsächlich nie ohne den anderen gesehen – nur einmal, als ich mit meiner Oma allein im Skiurlaub war) und
haben sich in all der Zeit im Grunde auch kein einziges
Mal ernsthaft gestritten. Angeblich. Nur einmal, als meine
vergnügte Oma aus dem feinen Restaurant, in das sie manchmal gingen, einen Aschenbecher mitgehen ließ. Da hat sich
mein akkurater westfälischer Großvater fürchterlich aufgeregt und darauf bestanden, dass sie ihn zurückbrachte. Aber
das war eine derartige Ausnahme, dass meine Mutter sie mir
heute immer noch als unglaubliche Anekdote erzählt.

Was mich an den beiden immer fasziniert hat, ist die Tatsache,
dass ihnen selbst nach siebzig Jahren Ehe nie die Themen
ausgegangen sind. Manchmal saßen sie da und wanderten
gemeinsam in Gedanken ihre Reisen nach, die sie in den
vergangenen vierzig Jahren quer über den Globus gemacht
hatten. Mit dem Kreuzfahrtschiff in die Karibik, nach Spanien oder ganz zu Anfang mit den beiden Töchtern im Käfer nach Italien. In den Dutzenden von Fotoalben, voller
Sorgfalt angelegt, sieht man den Käfer mit Münsteraner

Kennzeichen 1959 am Gotthardpass. Meine Großmutter mit Sonnenbrille, im Hintergrund schimmern die Hügel weiß. Auf den Fotos rennen meine Mutter und ihre Zwillingsschwester durch den Schnee und werfen Schneebälle, in Blusen zu gebräunter Haut, gerade noch hatten die vier unter Mailands Glasarkaden Espresso getrunken. Meine Oma trägt auf den Fotos gestreifte Röcke und ihr Kopftuch in Grace-Kelly-Manier, mein Opa sieht in seinem leichten, hellen Leinenanzug neben den schicken Italienern mitnichten aus wie ein kleinkarierter Deutscher.

Diese alten Fotos vermochten mir als Enkelin eine Ahnung davon zu geben, mit welcher Herzenslust die beiden in den Urlaub fuhren. Als seien es kleine Fluchten, um sich endlich einmal ungeniert in Schale werfen zu können. Zwar taten sie das in Münster auch, doch wirkte ihr Glamour in den Metropolen viel natürlicher. Auf ihren Kreuzfahrten, Jahrzehnte bevor man auf Aidas in Jeans zum Dinner gehen konnte, liebten sie es, ihre Abendgarderobe auszuführen, den Smoking und das Cocktailkleid mit Perlenkette. Ein gerahmtes Foto der beiden in ihren frühen Achtzigern, strahlend und die Wangen rot vom Tanzen und Champagner, habe ich immer bewundert. Sollte ich jemals ein Kreuzfahrtschiff betreten, dann ausschließlich ihnen zu Ehren!

Tatsächlich habe ich meinen Großvater nie in Jeans, Shorts, in Hausschlappen oder einem normalen Pullover gesehen. Ich hatte immer den Eindruck, der Anzug war für ihn mehr als eine Uniform aus seinen Berufsjahren. Er zog ihn an und schob sich das Einstecktuch in die Brusttasche, weil er sich darin gefiel – und weil er wusste, dass es meiner Oma gefiel. Später saßen seine Anzüge nicht mehr so gut wie früher. Sie waren ihm in den letzten Jahren ein wenig zu groß geworden, sein Körper wirkte zwischen den breiten Schultern der Jacke ganz zierlich.

Wozu also diese ganze Etikette? Mein Opa war fast hundert Jahre alt und hätte sich in Jogginghose so richtig entspannt auf dem Sofa ausstrecken können. Doch beide haben in ihrem Leben nie Freizeitkleidung besessen, und mein Großvater hat auch bis zum letzten Tag darauf verzichtet. Meine Oma konnte sich gerade noch mit einem eleganten »Hausanzug« anfreunden, ansonsten sah ich auch sie stets in Röcken zu Seidenblusen mit schönen, ständig wechselnden Ketten und Broschen.

Dass die beiden sich zu Hause anziehen wie andere fürs Restaurant, habe ich nie als oberflächliche Maskerade empfunden. Für sie war es ein Ausdruck gegenseitigen Respekts, sich jeden Tag aufs Neue für den anderen zu schmücken. Denn war nicht das alltägliche Zusammensein mit dem anderen an sich schon ein Fest? Mich hat diese Einstellung sehr geprägt. Schon als Kind habe ich mich stundenlang mit dem Modeschmuck behängt, den mein Opa seiner Frau mitgebracht hatte, kiloweise funkelnde, glitzernde, glänzende Schönheiten. Unvergesslich ist der Tag, als meine Oma der Krokotaschen, Ringe, Ketten und Ohrringe im Schrank überdrüssig wurde. Sie liebte ihren Schmuck und ihre Accessoires, doch darüber definieren würde sie sich nie. Und so kamen meine Mutter und meine Tante in den Genuss des Schmucks, der nun ausgedient hatte. Ganz nach einer weiteren Regel ihrer Beziehung: erst der Partner, dann die Kinder.

Man *lebt* eine schöne Beziehung, man sperrt sie nicht wie einen Pokal in die Vitrine. Das war stets die Maxime, nach der sie lebten. Mit dieser grandiosen Attitüde trug meine

Oma ihre Pelzmäntel, benutzten die beiden ihr hauchdünnes chinesisches Porzellan, anstatt es im Schrank, wohl behütet, verstauben zu lassen. Die Tassen hatten zwar mit den Jahren viele sauber geklebte Sprünge, doch das störte niemanden, weil man ihre Geschichte liebte. Für ihre Freunde taten sie alles und waren umgeben von tollen, gutherzigen Menschen. Der Inbegriff von Spießigkeit war für meine Großeltern Menschen, die am Tisch beisammensaßen, um sich über andere aufzuregen und zu lästern, anstatt lebendig über Ausstellungen oder Außenpolitik zu diskutieren. Freunde von ihnen kamen aus Köln, andere aus England, ein enger Vertrauter meines Opas aus Amsterdam. Auf manchen Fotos ihrer frühen Feste sieht man meinen Opa lächelnd im Arm einer guten Freundin, meine Oma drückt derweil einem nach Hause eingeladenen Koch, der den Gästen das damalige Trendgericht Käsefondue zubereitete, einen Kuss auf.

Beim Anblick dieser Bilder habe ich mich immer gefragt, ob es in einer so offenen, weltläufigen Beziehung auch Eifersucht gab. Als Kind stellte ich mir meine Oma in meiner Phantasie immer vor wie eine Mischung aus Marlene Dietrich und Sophia Loren, die mit Karobluse und hochgekrempelten Ärmeln zwischen den Handwerkern, die im Haus waren und Pause machten, saß und sang. Und die jede Tanzfläche mit ausladenden Schritten und wallendem Rock stürmte. Meine Mutter war diejenige, die es irgendwann gewagt hat, meinen Großvater nach Treue und Eifersucht zu fragen, erntete aber nur mattes Augenrollen: »Treue ist doch selbstverständlich. Oder gar kein Thema, wenn du so willst. Man muss lockerlassen, nicht so klammern. Wir haben zum Beispiel immer viel und gern gefeiert. Da haben wir durchaus auch mit anderen geschäkert. Und am Ende des Abends gingen wir beide glücklich zusammen nach Hause. Wenn man dem anderen vertraut, gibt es keine Eifersucht.«

Etwas pathetischer als mein Großvater formuliert es der Psychologe Peter Lauster in seinem Bestseller *Die Liebe. Psychologie eines Phänomens*: »Klammere dich nicht an das, was du liebst: Sei frei und lasse das, was du liebst, in Freiheit.«[3] Diesen Satz werden 99 % von uns lesen und denken: Und wie genau soll das im Alltag aussehen?

Was ich früher nie nachvollziehen konnte, war, wenn mein Opa behauptete, dass er sich selbst dann freue, seine Irmel glücklich zu sehen, wenn er gar nicht dabei oder Auslöser ihrer guten Laune war, etwa bei den Skiurlauben, die meine Oma mit ihren Freundinnen verbrachte. Die lückenlose Dokumentation in den unzähligen, kiloschweren Fotoalben zeigt, wie meine Oma mit ihren Freundinnen und Urlaubsbekanntschaften in Sonnenliegen im Schnee entspannt, daneben die handgeschriebenen Zeilen: »So ein Tag, so wunderschön wie heute …« Ein besonderer Moment also, und das ohne meinen Opa! Sie bewerteten und verglichen nicht, was mehr Spaß machte, die Zeit mit oder ohne einander. Wenn meine Oma in Momenten glücklich war ohne ihn, bezog mein Opa das keine Sekunde auf sich und ihre Ehe. Eher im Gegenteil. Einmal sagte er: »Wer dem anderen nicht gönnen kann, dass er schöne Stunden allein verbringen kann, nimmt sich selbst viel zu wichtig.«

Das mag sicher stimmen. Und doch würden die meisten von uns bei so viel Spaß, den der Partner ohne uns hätte, irgendwann zuschnappen wie ein pawlowscher Hund. Wir wären irritiert, verletzt und eifersüchtig. Na, toll, mit mir lacht er nie so viel! Er braucht mich anscheinend nicht, denkt das gekränkte Ego. Mein Großvater aber sah es genau andersherum: Er freute sich über die hervorragende Laune seiner Frau, denn die würde, da war er ganz logisch denkender Kaufmann, dann ja auch wieder in die Beziehung fließen. Angst, dass meine Oma mit dem Skilehrer durchbrennen könnte, hatte er nicht. Die Freude, die sie ohne ihn hatte, und das ist entscheidend, empfand er in keiner Weise als Bedrohung für ihre Beziehung.

Und doch, mich hatte immer sehr interessiert, welche Rolle Treue für diese beiden Freigeister spielte und wie sie die bei aller Toleranz definierten. Wo fängt sie an, wo hört sie auf? Beim Kuss? Denn den drückt meine Oma auf einem weiteren Foto ihrer vielen ausgelassenen Feste einem Mann auf den Mund, der definitiv nicht mein Großvater ist. Dass diese Szene 1960 anscheinend kein Auslöser für Streit gewesen ist, unterstreicht die Tatsache, dass die Fotos nicht in Omas Nachtschrank lagen, sondern ordentlich eingeklebt und für alle sichtbar in den legendären Fotoalben. Ich fand diese Bilder immer irritierend. Warum küsst meine Oma einen anderen Mann auf den Mund und dokumentiert das auch noch im Fotoalbum?

Würde ich meinen Mann eine andere Frau küssen lassen, während ich daneben säße? Wohl eher nicht. Mein Opa dagegen entspannte zur selben Zeit auf dem Sofa und unterhielt sich angeregt mit einer anderen Frau. Er lächelte, die Zigarette in der Hand, und war das Gegenteil des gehörnten Ehemanns, dem die Frau auf der Nase herumtanzt. Er wusste: Wir sind ein Team. Und ich will meinen Partner zu nichts zwingen, ihm nichts vorschreiben. Warum? Weil ich ihn liebe und ihm vertraue. In Sachen Toleranz spielten meine Großeltern definitiv in der Profiliga.

Ob sie sich in den Jahrzehnten ihrer Ehe nicht doch einmal in jemand anderen verliebt hatten? »Eigentlich nicht«, sagte meine Großmutter. »Und wenn es vorkam, dass sich ein Mann in mich verliebte, ich erinnere mich gerade an einen Arzt während meiner Kur, dann hat mir das vielleicht geschmeichelt, aber beeindruckt hat es mich eigentlich nie. Wir wussten immer, was wir aneinander haben.«

Mein Opa fügte schließlich einen Satz hinzu, den ich mir eingeprägt habe: »Das Wissen darum, was wir aneinander haben, und dem anderen Gewissheit darüber zu geben, ist sehr wichtig.«

Das Wort Treue haben meine Großeltern nie wirklich in den Mund genommen, und hätte ich die beiden gefragt, was sie von freier Liebe und offenen Beziehungen halten, hätte mein Großvater garantiert das Gesicht verzogen. Er war ein konservativer Liberaler, FDP-Wähler zu Zeiten von Politikern wie Hans-Dietrich Genscher und Hildegard Hamm-Brücher. Der Grund, warum sie sich so lange Zeit begehrten, war der Spaß, den sie miteinander hatten. Jenes Wissen darüber, was man am anderen hat, haben die beiden gefeiert, gestärkt, gepflegt. Das Ergebnis dieser Pflege begreife ich heute als den Schlüssel zu ihrer Beziehung: Es gab in ihrer Ehe kein drängelndes Ego, das Partnern in fast jeder Beziehung irgendwann wie ein Teufel im Nacken sitzt und raunt: »Die Welt ist voller toller Männer und Frauen. Was machst du hier seit Jahren? Geh raus und lass dir diese Freiheit nicht nehmen!« Eine Freiheit, die meine Großeltern schlau genutzt haben. Denn sie wollten frei sein. Aber gewiss nicht voneinander, sondern miteinander.

Sie haben es siebzig Jahre lang geschafft zu respektieren, dass der andere ein eigenständiger Mensch ist. Das bedeutete für die beiden natürlich nicht, dass mein Opa nächtelang in Kneipen unterwegs war und meine Oma immer allein in den Urlaub fuhr. Freiheit war bei meinen Großeltern eher eine Idee von gegenseitigem Respekt, die über allem stand. Sie benutzten auch nie das Wort Freiheit, sondern sprachen von Toleranz. »Toleranz ist immer das Wichtigste in unserer Ehe gewesen. Lass den anderen, wie er ist. Zerr' nicht ewig an ihm herum, damit er sich ändert«, war der Rat meiner Oma. Dem anderen Raum zu lassen, war nichts, was man sich abringen musste, beide verstanden das als Selbstverständlichkeit.

Denn im Grunde ist es ja so: Ein Mensch ist bereit, sein Leben mit einem anderen zu verbringen. Da man nur ein Leben hat, ist das an sich schon die größte und schönste Geste, die man machen kann. Sein Leben zu teilen, war für meine Großeltern die Basis, auf der sie siebzig Jahre lang ihre Beziehung wachsen ließen. Meine Großmutter wusste, dass sie die große Liebe und Traumfrau meines Opas war. Umgekehrt wusste er, dass er ihr Fels in der Brandung war, auf den sie sich bis an ihr Lebensende verlassen konnte. Mit Mitte Neunzig, als meine Oma bereits begann, dement zu werden, bereitete und brachte mein Opa ihr jeden Tag das Frühstück. Und sie sagte ihm mehrmals in der Stunde, dass sie ihn liebe wie am ersten Tag. Mein Opa sagte: »Wir haben uns vorgenommen, bis ans Ende unseres Lebens zusammen zu sein. Sollte man es sich da nicht so lange wie möglich schön machen?«

Die fast beißend perfekte Harmonie zwischen den beiden, die mich so sehr an Spitzweg-Romantik erinnerte, verlagerte sich in den letzten Monaten ihres Lebens in ein Seniorenheim, in das sie gemeinsam zogen. Es funktionierte zu Hause einfach nicht mehr, weil es am Ende mein 99-jähriger Opa war, der sich um meine 99-jährige Großmutter kümmerte, nebenher noch Wäsche wusch und das Abendessen kochte. Auf der Station waren beide natürlich von Anfang an eine herzzerreißende Sensation in einem oft eher traurigen Heimalltag aus Tod und Einsamkeit. Sie wirkten wie der lebende Beweis dafür, dass es die Liebe, die ewige, noch gibt. Man konnte die verklärte Sehnsucht an den Blicken der jungen Pflegerinnen regelrecht ablesen. Nach genau so etwas suchten auch sie.

Auch hier saßen meine Großeltern jeden Tag beisammen, an einem kleinen Tisch in einem übersichtlichen Zimmer mit zwei Betten und einer Terrasse, redeten, hielten einander an den Händen. Sie versuchten, so zu tun, als sei alles beim Alten.

Mir tat dieser Anblick weh. Zwei Menschen, die auf ein bald hundertjähriges Leben zurückblicken konnten, die im Grunde nur noch sich hatten, da ihre Freunde und Geschwister schon lange gestorben waren. Nach über fünfzig Jahren in der geliebten Wohnung am Münsteraner Aasee, wo sie so viele Feste, Feiern und Geburtstage erlebt und genossen hatten, saßen sie nun in einem Zimmer, das sie nicht kannten, in einem Haus, mit dem sie nichts verbanden. Ohne die eigene Vergangenheit, ohne die Möbel, die Drucke und Ölbilder, von denen ich jedes aus dem Gedächtnis malen könnte. Der Busen meiner Oma, der unter ihren schicken Blusen durch den fünfziger Jahre Bullet-BH zeitlebens wie Zuckertüten hervorlugte, verschwand irgendwann mit dem Verlust von Gewicht nach und nach unter ihren beigen Hausanzügen. Für meinen Opa war sie dennoch die schönste Frau auf Erden. Doch plötzlich musste er sie teilen, vierundzwanzig Stunden mit wechselndem Personal, mit immer wieder neuen Gesichtern. Alles wurde mit einem Mal so fremd.

Ausgerechnet diese zwei im Heim! Diese siebzig Jahre lang vor Kraft strotzende, niemals kranke, feierfreudige Bastion der Leichtigkeit.

Meine andere Oma, eine langjährige Witwe, deren Mann nach seiner Kriegsrückkehr früh an einem Herzinfarkt gestorben war, liebte ich natürlich ebenfalls sehr. Doch es lag auch immer etwas Einsames in der Luft in ihrem Haus direkt am Wald, wenn wir sie besuchten. Ich hatte als Kind wahnsinnige, fast panische Angst vor dem Tod. Einfach für immer zu verschwinden, gruselte mich zutiefst. Bei meiner Oma am Wald musste ich oft an den Tod, an das Altwerden denken. Bei meinen Großeltern am Aasee hingegen kam ich vor lauter Ablenkung und Lebendigkeit gar nicht erst auf düstere Gedanken. Hier feierte man das Jetzt, und wenn mein Bruder und ich abends im Gästezimmer im Bett lagen und in der Ferne das Heulen der Krankenwagensirenen hörten, fühlte ich mich wie in einer richtigen Großstadt, in der etwas passierte.

Und dann ist es plötzlich mein fideler, kleiner, zäher Opa mit integriertem Hörgerät in der dicken Brille, der als Erster stirbt. Ganz schnell, nur wenige Wochen vor seinem 100. Geburtstag. Bei ihm deutete sich gegen Ende eine leichte Demenz an, irgendwann las er seine Tageszeitung nicht mehr am Vormittag, sondern bis in den Abend hinein. Er, der scharfe Denker und Analyst, musste sich plötzlich Artikel zehnmal durchlesen, ehe er sie verstand. Meine Oma war zum Zeitpunkt seines Todes ebenfalls dement. Ihre Demenz hatte sich Zeit gelassen, war fast zehn Jahre lang in aller Seelenruhe in ihr Hirn und Leben gekrochen. Und als mein Opa starb, verwandelte sich diese Demenz auf eigenartige Weise in ein Geschenk, einen Filter, der sie regelrecht vor dem unfassbaren Gedanken beschützte, dass ihr geliebter Mann nicht mehr da war und nie mehr zurückkommen würde. Die Krankheit wurde ihr Segen und Fluch zugleich: Als man ihr mitteilte, dass ihr Ehemann gestorben war, fing sie unfassbar an zu weinen. Ein Klagen aus der Tiefe ihres Herzens. Es war schrecklich. Keine halbe Stunde später aber, während wir nach ihrem Ausbruch noch vollkommen verstört waren, fragte sie ganz munter, was es zum Abendessen gebe und wo ihr Mann sei. Das ging ein paar Tage so, und meine Mutter, meine Tante und ich waren irgendwann so ausgelaugt, dass wir uns entschieden, eine für alle Beteiligten rettende Notlüge zu erfinden. Auf die Frage, wo Paul sei, sagte meine Mutter ab sofort: »Mutti, der Paul liegt drüben im Zimmer und schläft.« Und es funktionierte, denn damit war meine Oma offenbar zufrieden. Sie bestand nicht einmal darauf, in dieses Nebenzimmer zu gehen, um zu schauen, ob er auch wirklich dort lag. Ich glaube, dass sie ganz tief im Innersten, dort, wo die Demenz vielleicht nicht hinkam, wusste, dass er nicht mehr da war.

Wenige Monate nach dem Tod meines Opas ist auch meine Oma, ebenfalls 99 Jahre alt, gestorben.

Sie wollte nicht mehr, sagte meine Mutter, und tatsächlich hat sie das am Ende fast stündlich gesagt. Ihr Herz wollte nicht mehr. Ich glaube, es ist am Ende einfach zerbrochen. Aber gibt es das »gebrochene Herz« wirklich?, wollte ich wenige Wochen nach dem Tod meiner Oma von einem Kardiologen wissen. Ich versuchte meine Traurigkeit, dass nun beide für immer aus meinem Leben verschwunden waren, zu verdrängen, indem ich mich ihrer tiefen Zuneigung wissenschaftlich näherte. Ja, es gebe das gebrochene Herz, man nenne es das Broken-Heart-Syndrom. Betroffen sind Menschen, die plötzlich in existenzielle Not geraten, etwa weil ihnen die Lebensgrundlage entzogen wurde. Das Broken-Heart-Syndrom ist unter anderem bei älteren Frauen festgestellt worden, die ihren Partner verloren hatten. Also genau der Fall meiner Oma. Das machtvolle Herz. Mediziner in Japan, die das Phänomen als Erste beschrieben, nannten es Tako-Tsubo, weil die Form der linken Herzkammer an die gleichnamige Tintenfisch-Falle erinnert.

Dass sie in ihrem hohen Alter einander noch so lange hatten, war natürlich auch ein sehr seltenes genetisches Geschenk. Und ich glaube, dass der ständige Austausch, die gegenseitige Toleranz und der liebevolle Umgang miteinander ein Jungbrunnen für beide war, ja, vielleicht das Rezept schlechthin für ein langes Leben, nach dem die Medizin vergeblich sucht.

Meiner Mutter und ihrer Zwillingsschwester hat mein Großvater vor ein paar Jahren einmal gesagt, dass er sich das Leben nehmen würde, sollte Irmel sterben. Dieses Wissen fand ich damals quälend und unfair. Wieso konnte Liebe so absolut und erbarmungslos sein? Mir schien es regelrecht egoistisch, dass er seine Beziehung so sehr an erste Stelle setzte und in Kauf nahm, dass seine Töchter beim Tod ihrer Mutter gleich beide Elternteile auf einen Schlag verlieren würden. Inzwischen habe ich seinen Ausspruch verstanden. Seine Liebe ging über den Tod hinaus, und er wollte, Gentleman, der er war, den Weg gemeinsam weitergehen. Wer liebt, hat keine Angst vor dem Tod und klammert sich nicht an die Liebe als etwas Physisches, das man konservieren kann. Die beiden waren ein liebendes Paar, weil sie einander siebzig Jahre erfolgreich losgelassen haben. Meine Großeltern schafften es, gesellschaftlichen Druck an sich abperlen zu lassen und scherten sich wenig darum, was sich ziemte. Stattdessen schufen sie sich ihren, im wahrsten Sinne des Wortes, freien Raum. Freiraum zu Hause. Im Restaurant. Bei Freunden. Auf ihren vielen Reisen.

Die beiden haben eine hollywoodreife Ehe geführt. Mein Mann und ich backen kleinere Brötchen, ohne überladenes Schmuckkästchen, dafür manchmal in Jogginghosen. Und doch habe ich mir von meinen Großeltern abgeguckt, dass es wichtig ist, sich auch nach Jahren noch füreinander zurechtzumachen. Den anderen zu begehren. Aus dem Augenwinkel den Partner im Gespräch mit einer anderen Person zu sehen und ihn für einen kleinen Moment schwärmerisch anzuschauen wie einen attraktiven Fremden. Und sich in der nächsten Sekunde zu freuen, was für ein toller Mensch er ist. Einmal sagte meine Oma, da mögen die beiden sicher schon über achtzig gewesen sein: »Wir waren kürzlich tanken, und Paul sah mit dem Zapfhahn in der Hand und in seinem beigen leichten Jackett so fesch aus wie ein Sechzigjähriger!«

Genau so etwas werde ich über meinen Mann in vierzig Jahren auch noch sagen. Hoffe ich.

2

Marianne und Herbert Baumann

ZEIT FÜR EINEN ROLLENWECHSEL

A whole new world
A new fantastic point of view
No one to tell us no
Or where to go
Or say we're only dreaming
Aladdin, »A whole new world«

Ein früherer Verehrer von mir war Graffiti-Künstler, ein ziemlich talentierter. Eines Tages zog er eine Rolle aus der Tasche und drückte sie mir in die Hand. »Für dich …« Es war ein Foto im DIN-A4-Format, das er gemacht hatte, darauf zu sehen war eine pastellgrüne Regionalbahn, über die in rosa-weißen Buchstaben auf drei Metern Breite mein Name zu lesen war. *JULIA. ALL MY LOVE.* Er hatte es in einer Nacht auf den Waggon gesprüht und wollte mich mit diesem lässigen Liebesbeweis beeindrucken. Zwar sind wir nie ein Paar geworden, und mein Name wurde von der Deutschen Bahn schon ein paar Wochen später mit beißenden Chemikalien wieder entfernt, doch der Effekt einer so persönlichen, ganz besonderen Widmung sitzt bis heute: Immer, wenn ich das Bild aus seiner Rolle hole, zuckt mir ein kleiner Blitz durchs Herz.

Die besondere Widmung, die Herbert Baumann seiner späteren Frau Marianne 1950 machte, befand sich ebenfalls auf einem Blatt Papier. Es war ein von ihm komponiertes Wiegenlied, ein kurzes Stück auf fünfundvierzig Notenlinien verteilt. Viele große Komponisten haben Wiegenlieder verfasst, Schubert, Mendelssohn und natürlich der Klassiker »Guten Abend, gut' Nacht« von Johannes Brahms. Die kleine Komposition von Herbert Baumann sollte er Jahre später durch die Wiegenlied-Variationen für Violine und Klavier erweitern. Doch am Anfang ging es vor allem um ein Mädchen und den dringenden Wunsch, ihm mit der sanften Melodie zu zeigen, was es ihm bedeutete.

Das ist bald siebzig Jahre her, und der gebürtige Berliner zählt heute zu den renommierten Komponisten in Deutschland. Sein Werk umfasst über fünfhundert Bühnenmusiken, zwei große Ballette, Orchesterwerke, Chormusik und ein großes Kammermusikœuvre, er schrieb Stücke für Filme und das Fernsehen, zu Lernzwecken für Musikanfänger.

»Einen Kaffee?«, fragt Herbert Baumann und geht schon einmal in Richtung der Maschine, die vielleicht schon allein deshalb einen so exponierten Platz im Wohnzimmer erhalten hat, weil sie beinahe permanent läuft. Zwar lautstark brummend, doch das Ergebnis schmeckt vorzüglich. Ich nehme gleich noch eine Tasse und die Baumanns auch. Als sie mir an diesem Vormittag die Tür öffnen, tragen sie Partnerlook, feine zartgelbe Wollpullover. »Reiner Zufall!«, schwört Herbert Baumann. Mit fast dreiundneunzig Jahren ist der gut gelaunte Mann mit dem akkuraten Bart fast beängstigend agil, mit Armen und langen Fingern, die derart lebendig gestikulieren, als seien sie in den vergangenen neun Jahrzehnten aus dem natürlichen Alterungsprozess des restlichen Körpers ausgeschlossen gewesen. Eigentlich permanent während unserer Unterhaltung erzählt er von früheren und heutigen Musikerkollegen und wer davon wann was aufgenommen hat, nennt Lehrer und deren Lehrer, ein schnelles, perfektes Namensgedächtnis und Erinnerungsvermögen. Ich staune. In jeder Beziehung topfit wie ein Turnschuh. »Na ja, aber ein sehr ausgelatschter!«, kontert er. Erst vergangene Nacht liefen wieder zwei Kompositionen von ihm im Radio. »Die eine, Sonate für Flöte und Klavier, habe ich 1948 geschrieben. Das muss man sich einmal vorstellen. Dass das heute noch gespielt wird! Ich finde das natürlich wunderbar.«

Doch das Komponieren fällt ihm zunehmend schwerer. Die Augen tränen, es strengt einfach an. »Und das ist auch in Ordnung so, denn jetzt geht es mir darum, alle Zeit mit meiner Frau zu verbringen!«

Marianne Baumann ist viereinhalb Jahre jünger, doch gesundheitlich seit einigen Jahren nicht mehr so vital wie ihr Mann. Eine zarte Frau mit goldbraunen Haaren und eigentlich ausgestattet mit Unmengen an Energie. Mit achtundachtzig zieht sie sich auch heute mitnichten zu ausgedehnten Mittagsschläfchen zurück. Wie das Klischee von einem Börsenmakler gönnt sie sich ab und zu einen Powernap. »Zehn Minuten höchstens! Länger kann ich auch gar nicht.« Doch die schwindende Kraft wird ihr zunehmend zu einer Bremse. »Das zwingt mich, viel Zeit zu vertrödeln durch das regelmäßige Ausruhen. Natürlich passt mir das nicht.« Doch sie nimmt es an und macht Dinge im Sitzen, spielt Karten oder arbeitet an ihrem Computer. Auf dem runden Tisch am Fenster liegt noch eine unvollendete Partie Patience.

Vor sechs Jahren zogen die Baumanns in ihre Wohnung in einem Seniorenstift im Münchener Norden. »Wir kannten das Haus, weil hier schon Stücke von meinem Mann aufgeführt wurden und uns war klar: Wenn einer übrigbleibt, kann er hier wohnen. Nachdem es mir dann nicht mehr so gut ging, haben wir eingesehen, dass es keine wirkliche Alternative gibt, und sind mit der Entscheidung und dem Schritt, den wir gemacht haben, extrem glücklich.«

Ihr neuer Lebensmittelpunkt im Stift ist eine Mischung aus Kreuzfahrtschiff, Eigentumswohnung und Kurhotel. Es gibt Wellnessangebote, eine Änderungsschneiderei, einen Friseur, und vom TV-Techniker bis zum Akustiker und Facharzt kommt der Service direkt ins Haus. Man kann Bridge spielen, zum Gedächtnistraining oder zur Wirbelsäulengymnastik gehen, das Kulturprogramm bietet Filmabende, Klavierkonzerte oder Vorträge über Weltreisen. Man kann unten im großen Saal essen, mit einer Menüauswahl wie in einem Restaurant. Wer Lust hat auf Vollwertkost, wählt gebratenes Hokifilet in Safransauce mit Blattspinat, Vegetarier haben die Auswahl zwischen Polenta-Schnitte auf Zucchini-Tomaten-Gemüse oder Paprika mit Tofufüllung. Der Eingangsbereich öffnet sich großzügig und hell in eine moderne, in warmen Brauntönen gehaltene Halle mit Oberlicht und Tischen, auf denen die *Süddeutsche Zeitung* liegt. Rechts ist die Rezeption und dahinter ein kleiner Supermarkt, der von seiner Auswahl her an eine Husumer Promenaden-Boutique erinnert: In den Regalen entdeckt man Lübecker Marzipan, Haferflocken, Sonnencreme, Sojamilch, italienisches Gebäck, Taschen, Magazine und Zinnbecher.

Die Wohnung der Baumanns im 4. Stock vermittelt auf den ersten Blick eine gewisse Coolness, wie man sie vom Design

der späten achtziger Jahre kennt, mit vielen dunklen Tö-
nen. Doch das wird dezent gebrochen durch warme Details,
wie die vielen Bilder an den Wänden im Stile der Naiven
Malerei mit leuchtenden, pastoralen Motiven. Nach Bayern
wollten die Baumanns schon als junges Paar. Berlin als politisch zentraler Ort war für seine Bewohner damals eine
enorme psychische und physische Belastung. Beide haben
im Grunde alles miterlebt, den Aufstieg des Nationalsozialis-
mus, die Kriegszeit, den Wiederaufbau sowie die Teilung ihrer Stadt in zwei deutsche Systeme, die Wende und das Ende
des DDR-Regimes. Marianne Baumanns Familie lebte in
Potsdam und betrieb eine äußerst erfolgreiche Schifffahrts-
linie. Doch mit der Scheidung der Eltern und dem Beginn
des Krieges änderte sich alles. »Meine Eltern waren eines der
wenigen Paare in dieser Zeit, die sich scheiden ließen, aber
eben nicht, weil mein Vater eine andere Frau hatte. Es passte
einfach nicht.«

Ab 1939 wurde es der nun alleinerziehenden Mutter für
die Kinder in Berlin zu unsicher, und so verbrachte Marianne Baumann einige Zeit im Ferienhaus des Großvaters
im Riesengebirge. Mit der Rückkehr nach Berlin hatten
Marianne Baumann, ihre Mutter und die zwei jüngeren
Brüder alle verbliebenen Wertsachen verloren, die Wohnung
war ausgebombt, es blieben ihnen lediglich etwas Kleidung
und Bettdecken. Nach den wohlhabenden Jahren vor dem
Krieg lebten sie nun extrem bescheiden.

Herbert Baumanns Vater gründete 1924 eine gut laufende
Edelstahlfirma, die dem Sohn ein gutbürgerliches Leben
ermöglichte, er spielte Klavier und komponierte als Zwölf-
jähriger sein erstes Stück, »Tanz der Schneeflocken«. Die
Mutter, Pianistin in ihrer Freizeit, beobachtete mit Freude,
dass der junge Mann, der abendelang in den dunklen Sälen

der Berliner Theater und der Staatsoper verbrachte, eine musikalische Neigung zeigte. Mit achtzehn Jahren wurde Baumann von der Wehrmacht einberufen, sogar zweimal verletzt, doch er kehrte lebend aus dem Krieg zurück. Die Städte lagen in Trümmern. »Jetzt werden Architekten gebraucht!«, regte sein Vater in Hinblick auf das Studium an. Baumann begann mit Architektur und Musik, entschied sich aber schnell ganz für die Musik und wurde einer der ersten Schüler beim rumänischen Dirigenten Sergiu Celibidache.

»Das erste Mal, dass wir uns begegneten, war an dem Ort, den wir beide liebten, natürlich im Theater«, sagt Marianne

Baumann lächelnd. Über die Schule entdeckte sie einen Tanzchor, bei dessen Aufführungen sie zunächst mitsingen durfte. Dort zu sein und mitzuwirken, wurde der jungen Frau ziemlich schnell so wichtig, dass sie mit siebzehn Jahren eine mutige Entscheidung traf: Sie schmiss die Schule und ging ganz ans Theater. »Wir hatten einige Aufführungen an der Freilichtbühne am Waldsee. Am Anfang war ich auf der Bühne noch Statistin, später kamen größere Rollen. Zuhause war ich nur noch zum Schlafen.«

Es gibt ein Foto des Mädchens mit ihren goldbraunen Haaren zu Korkenzieherlocken aufgedreht, in einem weißen Kleid und vertieft in eine Szene: Dornröschen. »Dort habe ich sie das erste Mal gesehen und war natürlich begeistert.«

Doch die Phase des intensiven Kennenlernens kam erst, als Baumann auf Empfehlung seines Kompositionslehrers Paul Höffer zum Leiter der Bühnenmusik am Deutschen Theater wurde. »Ich war zweiundzwanzig und noch im Studium, als man mir den Posten anbot!«, sagt er kopfschüttelnd und fragt sich heute, wie er das damals überhaupt gestemmt hat. Die beiden trafen sich nach einer Vorstellung wieder, als Herbert Baumann auf einen Schauspielkollegen wartete und plötzlich Marianne vorbeiging. Da sie die gleiche S-Bahn nehmen mussten, fuhren sie zusammen, und er brachte sie schließlich noch bis nach Hause in Zehlendorf. »Wir haben nur geredet, denn wir hatten genug Gesprächsstoff, das Theater, das war natürlich das Verbindende«, erklärt Marianne Baumann. »Deshalb verstand ich ihn und seine Arbeit später auch immer und besaß da viel Toleranz.« Die damalige Sprechausbildung hört man ihr bis heute an, jedes Wort hat einen klaren und deutlichen Klang. Die beiden unternahmen viel, gingen spazieren, auch um den Schlachtensee, in dem sie sogar einmal nachts badeten. Herbert Baumann unterrichtete an der Schneider-Wienecke-Schauspielschule allgemeine Musikkunde und ließ sich bewusst kein Honorar auszahlen, damit Marianne dort im Gegenzug umsonst Schauspielunterricht nehmen konnte. »So etwas macht man natürlich gerne, wenn einem ein Mensch viel bedeutet.«

Es vergingen weitere Jahre, ehe die beiden 1951 heirateten. Auf dem Hochzeitsfoto trägt Marianne Baumann einen langen dunklen, leicht glänzenden Rock zu einer hochgeschlossenen weißen Bluse, die Haare wurden mit Blüten verziert und fallen in großen Locken auf die eine Schulter. Baumann, im dunklen Anzug und kleinem Blumengesteck am Revers, schaut mit seinem offenen, leicht verschmitzten Lächeln zu ihr herunter. In ihren liebevollen Blick könnte man küchenpsychologisch gewiss einiges hineininterpretieren: Sie hat ihn total angehimmelt, ihren Komponisten!

Doch Fehlanzeige. »Angehimmelt habe ich ihn nie.« Marianne Baumann setzt Statements so trocken und passend wie eine Politikerin auf dem heißen Stuhl. Und man glaubt es ihr. In dem treuen Blick auf dem Hochzeitsbild steckt die Offenheit einer Frau, die in dem Moment aus Liebe, aber nicht zuletzt auch aus Vernunft entschieden hat: Das ist der Mann, mit dem ich aus der Enge meines Elternhauses herauskomme und bestimmt glücklich werde.

Denn Herbert Baumann war damals nicht der einzige Anwärter. Es gab noch einen Schauspieler, der ebenfalls Interesse bekundete, sie zu heiraten. »Und wie!«, ruft Herbert Baumann unvermittelt.

»Und beide waren rothaarig! Dabei liebte ich doch dunkelhaarige Männer. Ich fand beide natürlich toll, aber total verliebt war ich nicht.«

Er nickt: »Die Idee zu heiraten, war einfach praktisch, es

war alles sehr realistisch. Wir sind ja beide sehr realistische Typen.«

Sie fügt hinzu: »In dem künstlerischen Milieu, in dem wir beide arbeiteten und in dem man so schnell abheben konnte, war es wichtig, dass es in der Beziehung bodenständig blieb.«

Also brachte die junge Frau immer einen ihrer Verehrer im Wechsel mit nach Hause zur Mutter. Welcher von beiden sollte es nun sein? Die Einschätzung von Mariannes Mutter war eindeutig: »Nimm den, der wird dich versorgen.«

Sie meinte Baumann.

Ihre Flitterwochen waren kurz, gerade einmal die Tage von Karfreitag bis Ostermontag, da das Theater keinen längeren Urlaub genehmigte. Die beiden verbrachten sie im verregneten Hamburg, doch sie saßen zufrieden im Dunkel der Staatsoper und sahen Wagners *Meistersinger*. Und doch entschied sich Marianne Baumann mit der Geburt der beiden Söhne 1951 und 1953, ihre große Leidenschaft, die Schauspielerei, zugunsten der Familie zurückzustellen. »Ich bereute diese Entscheidung auch nicht. Auch verdiente man als junge Schauspielerin so gut wie nichts. Wir hätten davon nicht einmal eine Babysitterin bezahlen können, denn mein Mann bekam in seinen frühen Anstellungen damals auch noch kein üppiges Gehalt.« Diese Entscheidung, sich zugunsten der eigenen beruflichen Interessen um die Familie und den Haushalt zu kümmern, war kein Schritt in einen entspannten Alltag. Im Gegenteil, die Zeit im geteilten Berlin der Nachkriegszeit und mit zwei kleinen Kindern war anstrengend und für die junge Frau extrem kräftezehrend. Sie lebten in einer kleinen Wohnung in Westberlin, während Baumann am Deutschen Theater in Ostberlin und damit im russischen Sektor arbeitete und in Ostmark bezahlt wurde. »Damit konnte man aber wiederum in Westberlin nicht einkaufen, sondern musste es zunächst umtauschen. Für sieben Ostmark bekam man aber nur eine Westmark. Ich erinnere mich an eine Zeit im Winter, in der ich die ganze Zeit Wehen hatte und hochschwanger und mit dem anderen Kleinen im Kinderwagen in den Osten gefahren bin, um dort für uns einzukaufen. Das war eine sehr harte, bescheidene Zeit«, erinnert sie sich, worauf er sich gleich sorgenvoll erkundigt: »Willst du noch einen Kaffee, mein Schatz?«

Der zunehmende Erfolg und das belebende Arbeiten mit anderen Musikern und kreativen Produzenten bescherte Herbert Baumann ein langes, erfülltes Berufsleben. Und heute weiß er, dass er das nicht zuletzt auch deshalb so frei und intensiv tun konnte, weil seine Frau ihm permanent den Rücken freihielt. »Den Rücken freihalten« nennt man diese Handlung, in der im Grunde, zumindest aus meiner Sicht, das ganze Dilemma der verpassten Karrieren und Entfaltungen unserer Mütter und vor allem Großmütter steckt. Die Rollen und Muster der Baumanns bekamen schon früh eine Prägung, und beide fassen es im Rückblick perfekt und ohne Pathos in wenige Worte: »Ich war immer für andere da«, sagt sie. »Und andere waren immer für mich da«, setzt er direkt hinterher. Wie abgesprochen. Herbert Baumann wurde zeitweise vom Dienstmädchen der Familie erzogen. »Und diese Erziehung können Sie sich ja vorstellen. Ich konnte machen, was ich wollte!« Marianne Baumann dagegen hatte mit zwei jüngeren Brüdern immer die Verantwortung, und nach der Geburt des Kleineren ging es der Mutter sehr schlecht. »Ich habe also im Alter von sechs Jahren das Baby versorgt.« Und so war die Konstellation zwischen den beiden auf eine Art auch so passend, funktionierte jahrelang. »Wer weiß, vielleicht hätte zu mir auch gar kein anderer Mann gepasst und zu meinem Mann keine andere Frau.«

Zu Beginn seines beruflichen Erfolges komponierte Baumann noch viel zu Hause, erst später besaß er dafür am Theater einen eigenen Raum. »Damals war es gar nicht möglich, dass man sich als Mann um die Kinder kümmerte. Im Gegenteil, Kinder waren eher ein Störfaktor. Mein Mann hat zu Hause im Nebenzimmer komponiert, und ich versuchte, die beiden Kinder so zu beschäftigen, dass sie nicht laut waren und er in Ruhe arbeiten konnte.« Habe sie das nicht sehr angestrengt und genervt, im Grunde permanent für jeden in der Familie verantwortlich zu sein? Marianne Baumann schüttelt den Kopf. »Nein, das hat mich nie genervt. Mir war das Wichtigste neben den Kindern, dass es für meinen Mann lief. Dass es ihm gut ging. Er hat sich um nichts kümmern müssen.«

»Was für paradiesische Zustände für Sie, Herr Baumann«, sage ich ein wenig herausfordernd.

»Vielleicht paradiesisch, aber für meine Frau eben nicht einfach«, beschreibt er die Situation in einem selbstkritischen Ton.

Und dann sagt Marianne Baumann plötzlich diesen Satz: »In diesen Zeiten war ich im Grunde nicht mehr als ein Möbelstück, das man benutzt, das funktioniert.«

Diesen Vergleich finde ich erschütternd. Man fühlt sich wie ein Möbelstück. Dass aber diese Frau von Ende achtzig diesen Vergleich derart klar in den Raum stellen kann und ihr Mann offen und zustimmend nickt, zeigt den Grad an Reflexion und Selbstkritik, den diese beiden heute haben.

47

Sie sagt, sie habe sich wie ein Möbelstück gefühlt, während beide mit ihrem Kaffee vor mir sitzen und mich anlächeln. Eine sehr bizarre Situation, und doch beruhigt es mich zu sehen, dass man trotz der jahrelangen Routine in verinnerlichten Rollen nicht dazu verdammt ist, auf Ewigkeit in ihnen zu verharren. Es zeigt aber auch, dass man bereit und kreativ genug sein muss, um diese Rollen abzulegen und neue anzunehmen.

»Über diesen Komplex reden wir bis heute. Schlimm ist, wenn ich nun merke und erkenne, was ich früher alles falsch gemacht habe. *Das* ist furchtbar. Und ich nehme es mir unfassbar übel und versuche das aufzuholen, was ich seinerzeit versäumt habe. Das Schöne daran ist, dass dieser Wunsch aus keinem Pflichtbewusstsein heraus, sondern absolut intuitiv kommt. Ich will es einfach. Ich will ihr Gutes tun!«, sagt Baumann und schaut seine Frau an.

»Ja, du hast dich sehr verändert. Du hilfst mir und verwöhnst mich heute permanent. Es ist ja so: Mein Mann ist einhundert Prozent unpraktisch.«

»Nee, komm Mariannchen, fünfundneunzig Prozent!«

Vor mir sitzen zwei Menschen um die neunzig und kichern. »Er macht heute die Küche, und alles glänzt, er geht einkaufen und wischt Staub. Dinge, die er früher nie gemacht hätte. Ich finde, er ist beinahe zu lieb.« Er zeigt seine Liebe. Und sagt er es auch? »Mein Mann sagt das heute so oft, dass ich irgendwann protestiert habe, da es mir nicht liegt. Er darf es jetzt nur noch zwei- bis dreimal am Tag sagen.«

Herbert Baumann grinst und findet: »Eigentlich muss man sich das auch gar nicht sagen. Wie man sich in den Arm nimmt, streichelt, das ist viel mehr, viel stärker als diese drei Worte.«

Diese starke Veränderung innerhalb ihrer Beziehung, sagen beide, hatte nicht zuletzt auch mit dem gesundheitlichen Zustand von Marianne Baumann zu tun. Vor rund sieben Jahren erlitt sie einen Herzinfarkt, und die Ärzte hatten sie, so beschreibt es Baumann, »schon abgeschrieben«. Zudem wurde die seltene Autoimmunerkrankung Lupus erythematodes, auch Schmetterlingskrankheit genannt, diagnostiziert. Lupus kann potenziell alle Organe und den gesamten Körper in Mitleidenschaft ziehen. »Als mein Mann hörte, dass die Wahrheit tödlich verlaufen kann, war er geschockt.«

Der Gesundheitszustand seiner Frau veränderte also etwas in ihm. Und zwar, das ist mein Eindruck, mit so starker Wucht und erstaunlicher Konsequenz, dass die Beziehung der beiden heute eine andere ist. Die Gewissheit, dass es jeden Moment schlechter werden könnte und Marianne Baumann mit ihrem schwachen Herzen für die Ärzte seit Jahren ohnehin schon ein medizinisches Wunder darstellte, setzte zwischen den beiden den Fokus neu, nämlich auf die Beziehung. Dabei hatte Herbert Baumanns Veränderung nicht allein mit reinen Verlustängsten zu tun. Wenn sie weg ist, was dann? Wer sorgt sich dann um mich? Die Diagnose hat ihm zum ersten Mal und im wahrsten Sinne des Wortes die Augen geöffnet: Jetzt sah er die Frau, mit der er seit fast siebzig Jahren zusammen war, zum ersten Mal richtig. Und beide verliebten sich auf eine Art neu ineinander.

Dieses Gefühl mit über neunzig zu haben, und das mit dem Menschen, den man bereits tausend Mal berührt hat, stelle ich mir unbeschreiblich vor. »Ist es auch! Es wurde plötzlich immer schöner und intensiver mit den Jahren«, sagt Herbert Baumann strahlend. Und sie ergänzt: »Auf einmal hast du gemerkt, was du für mich empfindest.«

Marianne Baumann schaut ihren Mann an. Es ist ein

intimer, ziemlich emotionaler Moment, in dem beide beschreiben, was da plötzlich in und mit ihrer Liebe geschehen ist: »Es war schon eine sehr merkwürdige Situation, es ging relativ schnell und war dann sehr intensiv. Das Ganze ist absolut beglückend, wenn man plötzlich merkt, dass man derartige Empfindungen für den anderen hat.«

Wohlgemerkt, hier sprechen zwei Menschen in einer langjährigen Beziehung und keine frisch verknallten Teenager. Und wenn man den beiden zuhört und sie beobachtet, so lebendig und beinahe aufgekratzt, hat man das Gefühl, dass es ihnen auf eine Art selbst nicht geheuer ist, was für einen unheimlich glücklichen Lebensabend sie miteinander verbringen dürfen.

Manchmal sehen sie Paare in einem ähnlichen Alter, wo jeder längst seiner eigenen Wege geht, sein eigenes Ding macht und man im Grunde nur noch eine bessere Senioren-Zweck-WG betreibt, da eine Trennung an diesem Punkt des Lebens keine Option mehr ist. Wo Ernüchterung die Idee von partnerschaftlicher Liebe irgendwann ersetzt hat. Die Baumanns, die mir den dritten Kaffee anbieten, haben ihre Rollen im Alter einfach gewechselt, ein bisschen so, wie sie es vom Theater kennen: Ich bin nicht mehr der egoistische Künstler. Und ich nicht mehr die Frau, die hinter dir verschwindet. Herbert Baumann wurde klar, für wie selbstverständlich er ihre Unterordnung an seine Interessen und Ziele genommen und dadurch nicht gemerkt hat, wie überfordernd das für sie war. Für sie, die sich um alles kümmerte.

»Man muss den anderen als eigene Persönlichkeit und als eigenen Menschen akzeptieren und wahrnehmen, und das habe ich erst relativ spät gelernt«, sagt Herbert Baumann. »Ich habe hingegen viel zu viel an Belastung und

Arbeit auf sie geschoben, und das ist sehr tyrannisch von mir gewesen.«

Das gegenseitige Beachten ist im Grunde eine Form, ein Ausdruck von Gleichberechtigung, ein Treffen auf Augenhöhe. Denn auch wenn er seinen Traumjob ungehindert entfalten konnte, so ist Baumann zumindest in seiner Partnerschaft heute mit Sicherheit viel glücklicher als früher. Die Beziehung befindet sich heute in der richtigen Balance. »Dabei haben wir ja nie wirklich Krach gehabt«, sagt er. »Weil ich es gar nicht erst dazu habe kommen lassen«, lächelt sie. Alle potenziellen Steine waren immer schon aus dem Weg geräumt. »Und genau das ist doch schlecht. Sehr schlecht«, bewertet er im Rückblick. »Ich wurde dadurch immer dominanter!«

Partnerschaftsforscher haben herausgefunden, dass nicht die Person in einer romantischen Beziehung besonders zufrieden ist, die die höchsten Belohnungen erhält, sondern diejenige, die ihre Partnerschaft als ausgewogen einschätzt.[4]

»Wissen Sie, die Krankheit meiner Frau war im Endeffekt doch ein absolutes Geschenk an unsere Beziehung«, sagt Herbert Baumann, und seine Frau fügt hinzu: »Da fing mein Mann an, mich zu beachten.« Er nickt schweigend. Dabei steckt in ihrer aufrichtigen, gänzlich unpathetischen Aussage nicht die Spur von Provokation. Marianne Baumann will ihrem Mann mit solchen Sätzen weder ein schlechtes Gewissen machen noch ewige Reue bei ihm hervorlocken. Auf faszinierende Art und Weise steckt bei den beiden in solchen Konversationen keinerlei nachtragende Bitterkeit. Denn jetzt ist es schön, und das möchten beide in vollen Zügen genießen. Marianne Baumann gibt ihrem Mann keine Schuld für sein früheres Verhalten. Dass er sie, wie sie sagt, nie wirklich »gesehen« habe damals. Vielmehr verfügt sie über so viel Empathie und Selbstreflexion, um zu erkennen, warum er damals so war, wie er war. »Ich habe mir immer gesagt: Er ist eben Musiker und hat nur die Musik im Kopf. Er kann nicht anders, ich nehme ihn so, wie er ist.«

Und natürlich spielte auch der gesellschaftliche Kontext eine Rolle. »Es war ja früher oft so, dass die Männer ihre Frauen nicht beachteten. Und ganz ehrlich? Kein Mann schob damals einen Kinderwagen.«

Ich nicke. Die Emanzipation und Freiheitsliebe meiner eigenen Oma fand, ganz realistisch betrachtet, auch immer nur innerhalb eines abgesteckten Terrains der Beziehung statt. Beim Windelnwechseln ist mein Opa auch nie zuständig gewesen. Wenn er kam und seine beiden Kinder, meine Mutter und ihre Zwillingsschwester, bereits im Bett lagen, las er ihnen aber eine Gute-Nacht-Geschichte vor.

»Muss also, damit es klappt in einer ausgeglichenen Partnerschaft, einer immer ein bisschen zurückstecken? Also im Grunde meistens die Frau?«, will ich von den beiden wissen. »Nein, das finde ich nicht.« Marianne Baumann schüttelt den Kopf. »Beide müssen zurückstecken. Damals konnten wir das nicht, denn es war nicht zuletzt auch eine andere gesellschaftliche Grundlage. Heute als junge Frau hätte ich auf jeden Fall dafür gesorgt, öfter zu sagen: Ich will auch!« Wenn Marianne Baumann etwas anschieben oder durchsetzen wollte in der Beziehung, tat sie das eher indirekt. »Ich war ja nicht passiv, sondern hatte sehr wohl eigene Ideen. Doch um die durchzusetzen, habe ich nicht einfach gesagt, ich will, sondern habe ihm das dann so beigebracht, dass er irgendwann das Gefühl hatte, er habe die Idee selber gehabt.« Klingt ein bisschen nach *House of Cards*.

Mit neunundsiebzig Jahren bekam Marianne einen Computer. Zwar das alte Modell eines Bekannten, doch ab diesem Moment brachte sie sich alles selber damit bei. Bis heute kommt Herbert Baumann bei technischen Fragen rund um das Thema Computer zu seiner Frau.

Schade finden die Baumanns, dass so viele jüngere Paare, mit denen er zum Teil gearbeitet hat, nach wenigen Jahren bereits wieder getrennte Wege gehen. Doch wollen sie mit dieser Aussage nicht betonen, dass heute jeder ungestört seinen Egoismus kultiviere. Die Baumanns klingen nicht wie Menschen, die sich hinreißen lassen zu Sätzen wie »Früher war alles besser!« »Man sollte versuchen, das Denken des anderen zu verstehen. Warum macht der das nun so. Deswegen klappt's oft nicht. Man muss nicht einer Meinung sein, aber man muss versuchen, die des anderen nachzuvollziehen und zu akzeptieren«, findet Herbert Baumann. »Vielfach haben die Leute heute ihre Ideen und wollen sie durchsetzen, ohne nach dem anderen zu schauen und zu fragen, was sind eigentlich dessen Bedürfnisse? Das ist so wichtig, und das weiß ich heute natürlich auch.«

Marianne Baumann glaubt: »Beide Partner wollen sich verwirklichen, und dann passt es nachher nicht mehr zusammen. Man ist plötzlich nicht mehr so offen für den anderen. Ich würde immer versuchen, das Zusammensein im Auge zu behalten. Natürlich gibt es Partnerschaften, in denen beide sehr stark sind in ihrer Persönlichkeit und dennoch gut miteinander leben. Aber auch nur, weil sie füreinander offen sind und sich nicht nur mit sich selbst beschäftigen.«

Im Laufe der Unterhaltung erzählt mir Marianne Baumann, dass sie gelernt hat, sich in Zeiten hoher Belastung, auch wenn sie sich körperlich schwach fühlte, »auszuschalten«. Was zunächst unbehaglich klingen mag, ist im Grunde ein spirituelles Vermögen, sich durch hohe Konzentration und extrem starken Willen von allem äußeren Druck zu befreien.

Meine impulsive Oma wäre in einer Konstellation wie bei den Baumanns am Anfang ihrer Ehe vielleicht gleich abgehauen. Denn alles, was mein Opa tat, war eher das Gegenteil: Er bewunderte seine Frau und trug sie auf Händen. Und sie war zeitlebens sehr damit beschäftigt, genügend Platz und Freiraum für sich selbst zu schaffen. Mit Freundinnen in den Skiurlaub zu fahren, in den Frauen-Kegelclub zu gehen. Diesen Akt des permanenten sich Freischaufelns empfand ich für ihre Zeit schon immer eher ungewöhnlich. Bewundernswert. »Ich bin nicht die Frau und Mutter, die alles für das Haus und die Familie opferte, sondern war und bin, gottlob, etwas egoistisch und habe ein Eigenleben.« Dieser Satz steht in einem Brief, den meine Oma im Mai 1969 geschrieben hat. Nicht etwa frustriert in ihr Tagebuch oder im Vertrauen an eine gute Freundin. Diese Zeilen gingen direkt an meinen Opa, und der Brief endete mit dem obligatorischen Satz von Herzen, »Deine dich immer und sehr liebende Irmel«.

Es war ein Liebesbrief und ein emanzipiertes Statement zugleich. *Ich bin in einer Beziehung. Doch am Ende des Tages bin ich auch ich selbst.* Meine Oma schrieb meinem Opa viele dieser Briefe. Ein paar von ihnen haben wir mit in ihr Grab gelegt. Es waren toll formulierte Briefe. Doch sie waren auch ehrlich und unverblümt, meinem Opa sprang es quasi mit jeder Zeile entgegen, was für eine emanzipierte, freiheitsliebende Frau er da geheiratet hatte. *Don't mess with me!* Viele der Briefe signierte sie mit einem roten Kussmund, ihr ganz persönlicher Stempel. Als Kind stellte ich mir immer vor, wie sie sich extra noch einmal die Lippen nachzog, bevor sie diese auf das Briefpapier drückte, damit die Farbe besonders gut durchkam. Und mein Opa seine Frau in dem Moment durch die Spuren auf dem Papier ein bisschen näher bei sich hatte.

Wie meine Großeltern wirken auch die Baumanns auf mich moderner und offener in ihrem Denken als manche Leute, die heute ihre Enkel sein könnten. Die Neugier und Wachheit, die sie mit ihren um die neunzig Jahren haben, steht ihnen regelrecht ins Gesicht geschrieben, sie durchströmen bis heute alles. Das Interesse an Dingen weit jenseits des Tellerrandes vermittelten sie auch ihren zwei Söhnen. Den Jüngeren, der wie sein Vater ein erfolgreicher Musiker und Komponist ist, schickten sie damals in Berlin auf eine amerikanische Schule. »Er lebt inzwischen seit Jahrzehnten in den USA.« Neben ausgedehnter Amerikareisen haben die Baumanns auch andere Teile der Welt gesehen, Herbert Baumanns Premieren und Produktionen an diversen Theatern, fürs Fernsehen oder Radio brachten beide an unzählige Orte. Über drei Jahrzehnte war Baumann am Theater angestellt, am Deutschen Theater im Osten Berlins, später im Westen der Stadt am Schiller- und Schlossparktheater und schließlich bis Ende der siebziger Jahre als Leiter des Musikwesens am Bayerischen Staatsschauspiel. »Jetzt hat er viel mehr Zeit für mich, wo er nicht mehr so viel arbeitet«, sagt Marianne Baumann. Wohlgemerkt, ihr Mann wird dieses Jahr dreiundneunzig Jahre alt. Doch offiziell in Rente geht man als Musiker und Komponist wohl ohnehin nie wirklich. Herbert Baumann bleibt am Ball, googelt, was seine Kollegen so tun, wie die Szene sich weiterentwickelt. Und natürlich guckt er auch, wo und wann ab und zu noch ein

Stück von ihm gespielt wird und wie es mit der Ausschüttung der Tantiemen aussieht. »Das lohnt sich schon sehr. Eine Wohnung im Stift können wir uns nicht zuletzt wegen der ganzen Tantiemen leisten.«

Nachdem die Kinder ausgezogen waren und Herbert Baumann inzwischen erfolgreich als freischaffender Komponist beschäftigt war, behielt seine Frau den Überblick über alle Aufträge. So koordinierte sie unter anderem auch Tonaufnahmen ihres Mannes für das Theater und Fernsehen im Studio. Sie, die über Jahre die Organisation des familiären Alltags derart perfektioniert hatte, hielt nun wie selbstverständlich Ablaufpläne von Studioaufnahmen in den Händen, sagte den Bläsern und Streichern, wann sie kommen und gehen konnten. »Die Takes wurden ja nicht chronologisch aufgenommen. Anfangs kam die volle Orchesterbesetzung zum Einsatz, dann wurde die Besetzung immer kleiner. Die nicht mehr benötigten Musiker konnten also früher das Studio verlassen und damit sparte man natürlich Geld«, erinnert sich Marianne Baumann. Als ihr Mann während der letzten Phase im Studio einmal weg musste, koordinierte seine Frau den Rest der Aufnahmen mit dem Orchester einfach allein. Sie, der als Kind zu Hause immer verboten wurde mitzusingen, da sie angeblich kein Gespür für Musik habe. Im Laufe seiner Arbeit hat Herbert Baumann seiner Frau immer wieder Kompositionen vorgespielt und nach ihrer Meinung gefragt. »Wenn mein Mann zwei Varianten hatte, hat er mich gefragt, und ich habe die ausgewählt, bei der ich gespürt habe, dass er mehr dazu steht.«

Fein ist ihr Gespür für die Kraft von Farben. Im Foyer des Stiftes hing bereits eine Ausstellung ihrer abstrakten Fotoarbeiten im Rahmen der Präsentation eines Buches über die beiden, *Duetto Concertante. Herbert und Marianne Baumann, ein Komponistenleben*. Ausgehend von stets figurativen Motiven abstrahiert Marianne Baumann ihre Bilder so stark, dass man die ursprüngliche Szenerie, sei es ein Stillleben oder ein Sonnenuntergang, nur noch erahnen kann. Die

Bundesgartenschau
Dortmund 1959

Arbeiten entstehen immer am Rechner, auch an diesem Nachmittag liegt das iPad mit unzähligen Fotos ihrer Kunst, der Enkel und Urenkel in Greifnähe. »Bei meinen Fotos sagte man mir oft, dass ich viel mehr daraus machen, stärker damit an die Öffentlichkeit gehen sollte. Aber das interessiert mich gar nicht.« Sie ziehe aus dem Lob anderer wirklich keine große Energie.

»Aber gefreut, dass du so ein gutes Feedback auf deine Ausstellung bekommen hast, hat es dich schon!«

Seine Frau nickt. »Ja, natürlich freut mich das. Aber mich berührt zum Beispiel viel mehr eine Situation mit einer älteren Dame, die damals neu eingezogen und sehr deprimiert war in der ungewohnten Umgebung. Und dann sagte sie mir, dass sie in diesen traurigen Momenten runter ins Foyer gegangen sei, um sich meine Bilder anzusehen. Und die leuchtenden Farben hätten ihr unheimlich gutgetan und ihr Kraft gegeben. *Das* macht mich glücklich!«.

Seit Jahren fahren die Baumanns in die Ferien nach Bad Wiessee am Tegernsee, eine Art zweites Zuhause, in das sie manchmal auch die Kinder, Enkel und Urenkel aus Deutschland und den USA einladen. Demnächst will Marianne Baumann alleine hinfahren und dort ein paar Tage verbringen. »Ich brauche manchmal einfach diese Ruhe, denn ich habe einen merkwürdigen Schlaf-Wach-Ess-Rhythmus. Wenn es nach mir ginge, würde ich um 4 Uhr in der Früh aufstehen, um 11 das erste Mal etwas essen und das kann ich dort tun.« Beide achten seit Jahren auf gute Ernährung und schwören auf die Kraft von Vitaminergänzungen und Weihrauchkapseln.

Es ist Abend geworden, und ich frage, was sie noch vorhaben. »Wir gehen inzwischen immer recht früh schlafen, manchmal schauen wir noch etwas fern.« Serien? Filme? Auf diese Frage folgt ein regelrechtes Donnerwetter zweier leidenschaftlicher Theater- und Musikmenschen. »Wir verstehen die Sendungen von heute gar nicht mehr. Texte werden derart schludrig gesprochen, regelrecht genuschelt. Die Darsteller haben zum Teil gar keine Schauspielschule mehr besucht und sind auch noch stolz darauf!«, sagt Marianne Baumann empört.

»Und dann permanent diese Musik!«, beschwert sich ausgerechnet der Komponist. »Die Musik wird in jeden Moment hineingezwängt, anstatt mit der Kraft von Pausen und Stille zu arbeiten. In diesen ganzen Filmen und Sendungen ist sie zum Teil so überflüssig wie ein Kropf.«

Das zeitgenössische Hollywood ist ihnen ebenfalls viel zu albern, ohnehin die heutige Idee von der großen Liebe auf der Leinwand: »Wenn wir Werbeclips für Ibuprofen-Schmerzgel sehen, in denen die Patientin sich mit der Salbe einreibt und verklärt in die Kamera flüstert ›Doc, ich liebe dich‹, verdrehen wir die Augen. Das ist doch fürchterlich. Die wissen doch nicht, was Liebe ist.«

Nach dieser amüsanten Tirade, die verrät, wie sehr beide ihre jahrzehntelange künstlerische Arbeit verinnerlicht haben, versichern mir die Baumanns grinsend, dass sie sehr gerne Rätselsendungen sehen und natürlich die alten Klassiker. Wie so oft innerhalb dieses Gesprächs beginnt der eine den Satz, der andere nimmt ihn auf und beendet ihn. »Die Klassiker haben noch Substanz«, findet die ehemalige Schauspielerin. »Und nicht so viel Musik!«, fügt der Komponist vehement hinzu.

Immer wieder gibt es diese kurzen Momente, in denen die beiden sich fast kichernd ansehen, weil sie dieses tiefe Glücksgefühl, das sie seit ein paar Jahren empfinden, anscheinend in dieser Intensität selbst noch nicht wirklich begriffen haben. Ganz sicher hat die Offenheit dieser beiden die Schönheit ihrer Beziehung bewahrt: Marianne Baumanns Bereitschaft, ihn und seine Art zu verstehen und zu tolerieren. Herbert Baumanns Einsicht, dass man zu viel genommen hat, sich aber ändern kann. Egal wann. Es zeigt eine Wachheit, den Wunsch und auch die Kreativität, mit der diese beiden Menschen es geschafft haben, die Beziehung aus ihrer Schieflage zu bringen. Und dafür werden sie heute belohnt. Mit so etwas wie dem berühmten zweiten Frühling, vielleicht ist es sogar der erste richtige.

»Auch wenn nicht immer alles rund und ausgewogen lief«, resümiert Marianne Baumann am Ende unseres Gesprächs, »wenn man zurückblickt, muss ich schon sagen, dass ich den richtigen Mann geheiratet habe.«

»Da haben Sie aber Glück gehabt!«, sage ich und schaue Herbert Baumann überzogen ernst an.

»Und Sie glauben gar nicht, wie sehr!«

3

Ursula und Karl Heinz Kalina

DIE ROMANTISCHEN

Du bist mein Himmel auf Erden, nur Dir
schenk ich all mein Vertrauen.
Wenn dieses Wunder wirklich geschieht,
die Liebe ein Leben lang lebt,
ist das der Himmel auf Erden für mich.

Amigos, »Mein Himmel auf Erden«

»Du bist mein Himmel auf Erden« … Zeilen über die
Macht der Liebe, gesungen von den Amigos, zwei hessischen
Brüdern im Rentenalter, das erfolgreichste Schlagerduo
Deutschlands, gemessen an den millionenfach verkauften
Alben, unzähligen Gold- und Platinauszeichnungen, über-
füllten Konzerthallen.

Die Kalinas tanzen zu den Stücken der Amigos jeden
Morgen ein paar Runden durch das Wohnzimmer. »Unsere
Art des Frühsports«, sagt Ursula Kalina. Die Stühle am Esstisch werden zur Seite gerückt, Karl Heinz stellt die kleinen
silbernen Boxen an und sucht einen der Hits auf YouTube
aus. An diesem Morgen »Mein Himmel auf Erden«. Zum za-
ckigen Takt des Schlagers tanzt man am besten Discofox, die
Sohlen drehen sich routiniert auf dem cremeweißen Teppich.

Ein Ritual. Karl Heinz war kürzlich noch auf spiegelglatter Straße vor dem Haus ausgerutscht und gestürzt, eine Sehne riss, er schlug sich den Kopf an. Dass der 81-Jährige mit den vollen weißen Haaren und den stets zwinkernden Augen die vergangenen acht Wochen also kaum mit seiner Frau tanzen konnte, merkt man seiner flinken Beinarbeit an diesem Morgen in keiner Sekunde an.

Tanzen im eigenen Wohnzimmer zu Liebesschlagern. Von allen Paaren, die ich getroffen habe, sind Karl Heinz und Ursula Kalina mit Abstand die größten Romantiker. Leidenschaftliche Profis. Romantisch in dem Sinne, dass sie einander selbstbewusst ihre Zuneigung zeigen, ohne Angst, dass es zu üppig, zu sehr wie aus dem Bilderbuch wirkt. Bei den Kalinas gibt es natürlich Blumen und kleine Aufmerksamkeiten, natürlich sagt man sich sehr, sehr oft, dass man sich lieb hat und unheimlich glücklich miteinander ist. Die beiden haben diverse Kosenamen füreinander und fühlen sich wohl beim Hören zärtlicher Schlager. Vielleicht berührt mich gerade, dass diese beiden absolut keine Hemmungen haben, ihre Vorstellung von Romantik, die leicht ins Kitschige geht, selbstbewusst und absolut ohne Ironie auszuleben. Die Kalinas finden die drei Worte »Ich liebe Dich« alles andere als bedeutungsleer und ausgehöhlt, auch schalten sie nicht reflexhaft weg, wenn sich Liebespaare im ZDF auf einem Kreuzfahrtschiff das Jawort geben. Und genau das finde ich als Grundhaltung durchaus bewegend.

Das morgendliche Tanzen zu den Amigos, Andrea Berg und Co. haben beide in keiner Schule gelernt. Karl Heinz übte es als Sechzehnjähriger bei seiner Tante. »Ihr Mann war Reepschläger und oft tagelang unterwegs, um den Bauern die

Reepe, also die Seile, per Hand aufzudrehen. Und so freute sie sich über ein wenig Gesellschaft und sah in mir ihren kleinen Tanzpartner.« Bei Ursula kam es dann durch die Routine mit ihrem Ehemann. »Ich durfte das vorher so gut wie nie, mein Vater war sehr streng.« Tanzen war also verboten, doch ausgerechnet beim Tanz lernte Ursula ihren zukünftigen Ehemann kennen. »Beim Sängerfest 1956 bei uns im Ort. Es war Spätsommer, und sie fiel mir da wohl gleich auf«, erzählt Karl Heinz, und mit dem »wohl« betont er nicht etwa seine schlechte Erinnerung, sondern die Eindeutigkeit, mit der Ursula und ihre hellblauen Augen zu kurzen dunkelblonden Locken aus der Menge der Mädchen herausstachen. Sie war mit ihrer älteren Schwester und dem Schwager gekommen und gerade erst mit der Familie ins norddeutsche Schacht-Audorf gezogen. Der Vater hatte bei der örtlichen Werft eine Stelle bekommen, ein ruhiger Mann, der erst sieben Jahre zuvor aus der sibirischen Kriegsgefangenschaft zurückgekehrt war. Die junge Frau hatte den strengen Vater, Karl Heinz die überaufmerksame Mutter. Nachdem sich beide nach dem ersten zaghaften Tanz auf dem Sängerfest häufiger verabredet hatten, stellte Karl Heinz sich höflich bei seinen Schwiegereltern in spe vor. »Ich fragte den Vater, ob ich mit seiner Tochter bei ihnen zu Hause wohl einmal ein Gläschen Wein trinken dürfe, um sich ein bisschen besser kennenzulernen. Über einen Freund hatte ich zwei schöne Flaschen besorgt, und die haben wir dann auch ausgetrunken.« Natürlich durfte Karl Heinz nur dort übernachten, weil er unten auf der unbequemen Couch schlief. Mitten in der Nacht wachte er durch ein Rufen auf. Seine Mutter stand draußen! »Sie hatte sich eine der Latten im Garten gegriffen, mit denen die hohen Bohnen gestützt werden, und damit ans Fenster gehämmert: ›Karl Heinz! Willst du nicht nach Hause kommen?«« Natürlich wollte er nicht. Und blieb. Wenige Monate später feierten die beiden Verlobung.

»Wenn dieses Wunder wirklich geschieht, die Liebe ein Leben lang lebt, ist das der Himmel auf Erden für mich«. Bei den Amigos klingt das nach gewohnter Schlagerlyrik, die zumindest mich wenig überzeugt. Bei den Kalinas lebt die Liebe tatsächlich seit über sechzig Jahren. »Ich war vom ersten Tag an verliebt in meine Frau, und das hat sich nie gelegt. Aber es geht wohl vor allem um diese gewisse stille Zufriedenheit, die man verspürt.«

Die stille Zufriedenheit. Im Grunde eine besonders romantische Umschreibung für Bodenständigkeit. Weder von Glück ist die Rede noch von lautem Herausschreien der ewigen Liebe, alles Dinge, denen wir permanent hinterherjagen. Wie kann in der Stille der schönste Moment stecken? »Vielleicht indem man sich löst von Ansprüchen und zu hohen Erwartungen an die Beziehung, die man führt. Mit Vorstellungen, die den anderen nicht überrollen, sondern respektieren«, sagt Ursula. In stiller Zufriedenheit steckt auch Demut. Gegenüber dem Leben, der Lebenszeit, die der andere bereit ist, voll und ganz mit einem zu verbringen. Stille hat bei beiden auch wenig mit Ruhe zu tun, denn unterhalten tun sie sich praktisch die ganze Zeit. Sagt der eine einmal länger nichts, fragt der andere schon: Was ist los, bist du krank? Bei den Kalinas spürt man diese Achtsamkeit bereits in der Art, wie sie miteinander reden, was für Begriffe sie verwenden. Ob man das lernen kann, frage ich mich, während ich die beiden beobachte. Diese beiden haben sich auch im Alter eine unheimliche Sensibilität bewahrt. Emotionen und Gefühle kann man ihnen regelrecht aus den Augen ablesen. »Wir haben uns immer gut verstanden«, verkürzt seine Frau es. Meine Generation würde bei so einem Kommentar den Partner vermutlich empört um eine etwas intensivere Zuneigungsbekundung bitten. Doch gerade in dieser kleinen, nüchtern wirkenden Erkenntnis steckt jenes liebevolle, unaufgeregte Gefühl der Zufriedenheit, von dem die beiden sprechen. Die beiden sind zwar hoffnungslose Romantiker, doch tun sie dies leise, schreien es nicht hinaus.

Ein Jahr nachdem sie sich kennengelernt hatten, wurde geheiratet. In der ersten Zeit wohnte das junge Paar bei Ursulas Eltern. »Ich wurde am Tag der Hochzeit einundzwanzig und brauchte somit keine Einwilligung der Eltern mehr«, verrät sie. »Nun fallen unser Hochzeitstag und mein Geburtstag immer zusammen.«

Gefeiert wurde bei ihren Eltern im Haus, es gab Torten, Akkordeonmusik, Tanz und Braten, zubereitet vom Brautvater, das Haus war voll bis auf den letzten Platz. »Viele Menschen konnten wir schon immer gut um uns haben«, grinst Karl Heinz und zeigt seine schönen, weißen Zähne.

Um die Kalinas zu besuchen, muss ich bis ganz hoch in den Norden fahren, westlich von Kiel liegt Schacht-Audorf. Im blauen Wappen der Gemeinde steht der Umriss eines modernen Seeschiffs ohne weiteren Schnickschnack. Schlicht und bodenständig. Über ganze Straßenzüge reihen sich Einfamilienhäuser aneinander, mit Reetdächern oder typisch rot leuchtender Backsteinfassade. Ein solches bauten sich die Kalinas 1962 gemeinsam mit Ursulas Eltern und wohnen darin bis heute. Es gab Jahre, da waren sie über zehn Leute im Haus, denn das Paar hat sechs Kinder. Irgendwann brachte Karl Heinz auch noch einen schwarzen Pudel mit. Den

Foxy. »Es gab ja damals zumindest am Anfang die Pille noch nicht. Und doch waren alle sechs gewollt«, schwören beide. »In dieser Zeit hatten eigentlich alle um uns herum große Familien.«

Bei meinen Großeltern kannte ich es genau andersherum und dachte immer, darin läge das Geheimnis lebenslanger Zuneigung und Liebe: Die Kinder sind wichtig, doch der Ehepartner ist wichtiger. Mehr als zwei Kinder, die bei meinen Großeltern ungeplant Zwillinge waren, hatten sie bewusst nicht gewollt, dafür war ihr gesunder Egoismus, das eigene Leben als Paar zu genießen, viel zu groß. Und so hatte auch ich als Enkelin gelernt und verinnerlicht, dass Kinder etwas Wunderbares sind, doch die Zeit, die man zu zweit hat, eben auch. Bei den Kalinas verhält es sich und funktionierte es genau andersherum. Die Basis ihrer Beziehung ist der Partner, und mit ihm oder untrennbar mit ihm verbunden ist die Familie: vier Mädchen, zwei Jungs und inzwischen zehn Enkel. Die erste Tochter wurde 1959 geboren, die letzte 1972. Ganz für sich als Paar verbrachten die beiden damals also gerade einmal zwei Jahre. »Als ich meinem Zukünftigen eröffnete, dass ich schwanger bin, antwortete er einfach nur: ›Kein Problem, dann heiraten wir eben.‹ Das war so süß!« Ein kurzer Moment des leisen Schwärmens bei der Erinnerung an eine Situation, die sechzig Jahre zurückliegt. Die Beziehung der beiden wuchs daran, gemeinsam eine große Familie aufzubauen. Aufbauen zu können, denn sechs Kinder sind in vielerlei Hinsicht eine Belastung. Wie haben die Kalinas es also geschafft, bei Kinderreichtum, Pudel, Bergen an Wäsche und jahrelanger Hochkonjunktur in seinem Job auf der Werft ein Paar zu bleiben, das sich heute immer noch verehrt und respektiert wie am ersten Tag? Ein Paar, das Zeit fand für Gespräche, in denen es nicht allein um Organisatorisches, Hausaufgaben, Grippe oder Pubertätslaunen ging. Der gelernte Schiffsbauer Karl Heinz schob in seinem Werftbetrieb als Vorarbeiter lange Jahre eine Überstunde nach der anderen. Das gab der großen Familie eine gewisse Flexibilität, denn so war immer genug Geld da, für Klassenfahrten, Kleider, Essen, Hobbys. »Das geht ins Geld«, weiß Ursula. Die Frage also, wie die Kalinas es geschafft haben, trotz oder vielleicht sogar wegen der vielen Kinder so eine ungewöhnlich harmonische, ja, romantische Ehe zu führen, ist ziemlich leicht zu beantworten, doch in der Praxis für viele Paare heutzutage wohl eher eine Zumutung: mit Demut und Geduld. Eben nicht mit der ganzen Familie nach Spanien zu fahren, sondern an die See in der Nähe. Geduldig zu warten, bis die ersten Kinder so weit waren, dass sie abends ihre Hausaufgaben selbstständig machten, während die Kleinen schon im Bett waren. Warten, bis sich plötzlich ein kurzes Zeitfenster auftat, das die Eltern bescheiden nutzten, um manchmal für nur eine Stunde zu zweit vor die Tür zu kommen. »Wir haben uns dann die Räder geschnappt und sind zum Angeln an den See gefahren, haben geredet und kurz durchgeatmet. Das war so toll.«

Wie kostbar diese Momente gewesen sein müssen. Eben weil es sie nicht permanent und jeden Tag gab, potenzierte sich die Intensität, die Romantik. Man muss die wenigen Stunden nur richtig zu nutzen wissen. Forscher der University of Virginia wollen kürzlich sogar herausgefunden haben, dass schon dreimal neunzig Sekunden täglich reichen, um eine Beziehung harmonisch und stabil zu halten[5]. In diesen neunzig Sekunden allerdings soll man sich absolut und hundertprozentig auf den anderen konzentrieren, ihm die totale Aufmerksamkeit schenken.

Bei den Kalinas ist das manchmal nur eine kleine Berührung. Wenn etwa Ursula während meines Besuches in der Küche verschwindet und er kurz ihre Hand nimmt und fragt: »Willst du noch ein Pralinchen, Ulitchen?«

Die Kalinas sind Meister der Komplimente. Verspielte Variationen werden hier genussvoll verteilt. Meine Großeltern waren beim Repertoire an Kosenamen weitaus weniger phantasievoll, man blieb klassisch beim Liebling oder Schätzchen. Die Kalinas spielen bei ihrer Wahl in einer ganz anderen Liga. Mal ist er ihr Schiffsbaumeister oder der Häsi. Sie ist die Häsi, Ulite, das Ulitchen oder seine Süße. Dabei ist seine Süße keine achtzehn mehr, sondern einundachtzig, und gerade dieses gänzlich ungekünstelte Ignorieren des eigenen Alters, diese Zeitlosigkeit, ist vielleicht ein weiteres Geheimnis ihrer Beziehung. Zwar sind diese beiden äußerlich gealtert, doch die viel beschworene Lebendigkeit hat ihre Gedanken und Gefühle aus dem Alterungsprozess komplett herausgelassen. Die beiden sind über sechzig Jahre lang gemeinsam älter, doch nicht alt geworden.

»Das Geheimnis sind außerdem die Kinder und deren Kinder. Sie halten unheimlich jung«, sagt Karl Heinz, denn wenn ihn heute seine Enkel besuchen und von Minecraft, YouTube und Zumba erzählen, will er das natürlich alles verstehen.

In der Freude an Schmeicheleien steckt nicht zuletzt auch die Fähigkeit, nach wie vor füreinander zu schwärmen, ganz ungeniert romantisch sein zu dürfen, alle beide. Bei Marc Twain war einmal nachzulesen, dass er von einem guten Kompliment rund zwei Monate leben kann. In den Komplimenten und Liebkosungen der Kalinas steckt eher eine regelrechte Lust, schöne Momente durch Worte und Gesten zu kreieren. Und das bewundere ich, da ich es in meiner

Beziehung viel zu selten mache. Es viel zu kitschig finde. Aber warum eigentlich? Was vergibt man sich dabei, offen füreinander zu schwärmen?

»Habe ich dir heute schon gesagt, dass ich dich liebe?«, fragt er seine Frau, als sie aus der Küche zurückkommt ins Wohnzimmer. Es ist ein tägliches Frageritual der beiden. Wenn ich mich vor einer Sache im Alter fürchte, dann die langsam verschwindende Fähigkeit, den anderen heimlich zu bewundern. Ihn aus der Ferne zu betrachten und zu denken: Wow, habe ich ein Glück gehabt! »Wir sehen darin gar nicht unbedingt nur Schwärmerei, eher ist es auch eine Form des tiefen Respekts vor einander«, erklären mir die beiden. In ihrem Fall: Respekt vor der Investition in das gemeinsame Projekt Großfamilie. Der gegenseitige Respekt vor der Arbeit des anderen. »Es gab in den ersten Jahren weder Waschmaschine noch Pampers«, sagt Karl Heinz. »Im Waschkessel wurde abends alles eingeweicht. Eine irre Schufterei für meine Frau.« Er wiederum steckte ständig in besagten Überstunden fest. Manchmal wurde Ursula an diesen Abenden kribbelig. Und wartete. »Ich hatte manchmal Angst, dass mir die Luft ausgeht, ich ein Burnout bekomme«, erinnert er sich. »Das waren so intensive Jahre, die uns sehr in unserer Lebendigkeit geformt haben.« Nicht selten stand er abends und verspätet im Türrahmen, in der Tüte einen frischen Fisch. »Bei uns im Kanal gibt es ganz wunderbare edle Exemplare, Flussbarsche, Goldbutt, Zander, Aale.« Damals lockte Karl Heinz die Aale noch mit selbstgemachten Ködern aus Edamer und Jagdwurst, sein größter Fang maß über einen Meter und wog über fünf Pfund. Bis heute betreibt er das Angeln als mehr als nur ein Hobby auf der bloßen Jagd nach Rekordgrößen und in Konkurrenz mit anderen. Es ist seine Art des Dialogs mit der Natur. Er angelt fast immer allein und behandelt jedes Tier, das anbeißt, beinahe behutsam, wie ein Geschenk des Kanals, in einem Kreislauf, in dem keiner der Stärkere oder Schwächere ist. Auch hier hat sie ihren Platz, diese Sensibilität und Aufmerksamkeit, mit der er und seine Frau auch im hohen Alter immer noch täglich das Leben um sich herum wahrnehmen. Die Fische und der Kanal sind ein Teil davon. Einmal hatten sie dreißig Weckgläser mit Aal in Gelee gefüllt. Und geräucherter Aal aus dem eigenen kleinen Ofen im Garten ist bis heute der Höhepunkt der jährlichen Geburtstagfeste mit der Großfamilie.

Es ist Mittag, und Ursula bringt eine Schüssel mit Brokkoli ins Wohnzimmer, ihr Mann trägt einen Teller mit Maishähnchen und Salzkartoffeln. Beide genießen das gemeinsame Essen, in Ruhe und vor allem zu zweit, danach gibt es manchmal noch ein Eis, heute mit einem Schuss Eierlikör. Das Kochen an sich hatte bei den Kalinas nie den Stellenwert eines kulinarisch-kulturellen, extravaganten Hobbys. Es gibt gute Hausmannskost, und vielmehr wirkt der Spruch »Liebe geht durch den Magen« hier wie ein Versprechen: Du sorgst für mich wie ich für dich.

War es ebenso harmonisch in Zeiten, in denen sie mit allen Kindern am Tisch saßen? In den Jahren der Belastung durch den bis oben hin vollgepackten Alltag? »Natürlich hatten wir sehr anstrengende Jahre, haben uns auch mal gestritten. Aber das Gute ist, dass wir beide überhaupt nicht nachtragend sind. Das ist wichtig in einer Beziehung«, betont Ursula. »Ganz ohne Konfrontation wäre es auch ein bisschen langweilig«, findet ihr Mann. »Doch an der Basis haben wir nie gerüttelt!«

Immer öfter hören sie von Trennungen im Bekanntenkreis der Kinder. »Warum schmeißen all diese Paare so schnell hin? Das verstehe ich einfach nicht«, rätselt Karl Heinz. »Man muss für den Menschen da sein, Farbe bekennen, zu ihm stehen. Das ist ganz wichtig.«

Bei den Kalinas wird und wurde immer viel geredet und sofort alles ausgesprochen, was einen ärgerte oder quälte. »Das haben wir ganz gut hingekriegt, oder, Häsi?«

Sie hätte ihrem Mann natürlich auch einen Vorwurf machen können: Du gehst nach der Arbeit noch Angeln, und ich sitze hier mit den Kindern, der Wäsche, dem Haushalt. Doch die Beziehung basierte stets auf Verständnis für die Arbeit des anderen. Ursula in der Rolle als sechsfache Mutter, er in der Rolle als Alleinverdiener in einem fordernden Beruf auf einer Werft. Die Aufgabenverteilung bei diesen beiden befindet sich weit jenseits von heutigen Konstellationen – die ich manchmal fast ein wenig traurig finde –, wo beide zum Teil sogar das Gleiche studiert und ähnlich ehrgeizige berufliche Ziele hatten und am Ende die Frau mit einem Kind zu Hause bleibt und nicht mehr in den Beruf zurückfindet, weil man irgendwie nie richtig darüber gesprochen hat. Bei den Kalinas waren die Rollen von Anfang an klar verteilt. Die Entscheidung für sechs Kinder bedeutete natürlich, dass einer hauptberuflich die Familie managen musste. Und Ursula war eine hervorragende Managerin. Auf einem der brusthohen Schränke im hellen Wohnzimmer, ein zusätzlicher Anbau, der später zum Haus dazukam, stehen zahlreiche große und kleine Rahmen mit Fotos der Kinder und deren Ehemännern und Ehefrauen und Enkelinnen und Enkeln, zum Teil bereits selbst junge Erwachsene mit eigenem Leben. Eine stolze kleine Gesellschaft, die sich hier in den vergangenen sechzig Jahren gebildet hat. Aber auch eine gut funktionierende Bande, die zusammenhält. »Jetzt ist

sogar noch ein Urenkel dazugekommen, wir sind Urgroßeltern!«

Auch jetzt im Alter ist die Zweisamkeit eher selten, denn
sie sind fast permanent umringt von Familie. Die beiden
sind das ruhige Epizentrum, zu dem sich alle hingezogen
fühlen. »Unsere Enkelkinder wollen ständig bei uns übernachten«, sagt Ursula, und um ihre ruhigen, hellen Augen
herum entstehen viele kleine Lachfältchen. Dass die Jungen
heute durch ihre Zuneigung so viel zurückgeben, muss für
die beiden gerade im Alter, in Zeiten, in denen sich viele
abgestellt, überflüssig und allein fühlen, etwas sehr Erfül-
lendes sein.

Mit dem Tod von Ursulas Eltern gab es einen kurzen, aber
schmerzhaften Einschnitt in die Harmonie unter dem Fa-
miliendach, und man kann sofort die tiefe Enttäuschung
aus Karl Heinz' sonst sehr munterer Stimmlage heraushören,
obwohl das Ganze Jahrzehnte zurückliegt. Schuld war natürlich das Geld. Das gemeinsam mit den Schwiegereltern
gebaute Wohnhaus wurde mit dem Tod zum Zankapfel der
Erbengemeinschaft. »Das hat mir zu schaffen gemacht. Ich
hatte ja viel am Haus mitgearbeitet und es über Jahre in
Stand gehalten. Als plötzlich von Verwandten Anwaltsbriefe
kamen, anstatt einfach direkt ein Gespräch mit uns zu suchen, hat uns das sehr deprimiert. Man ist doch eine Familie!« Heute ist der Streit lange vergessen, weil Karl Heinz
das Thema vergessen wollte. Er suchte die Versöhnung und
ging auf die, die sich ebenfalls versöhnen wollten, zu. Als
Familie jahre-, jahrzehntelang zerstritten zu sein, hätte er
nur schwer ausgehalten. Heute sprechen alle wieder miteinander.

Doch es ist nicht so, dass die Kalinas die Harmonie um jeden Preis im Haus aufrechterhalten müssen, und die Liebe nur funktioniert, wenn ja nichts schiefgeht. Es gab für sie genug Prüfungen, die sie gemeinsam meistern mussten und die sie so viel besser durchstehen konnten. Wie die Krebserkrankung seiner Frau vor fast zehn Jahren. Ursula hat das exakte Datum schon beinahe verdrängt, ihr Mann dagegen weiß es noch genau. »Ich habe so einen Schreck bekommen«, sagt er und schaut sie an. »Du warst ja immer so stark und hast dir nichts anmerken lassen.«

»Na ja, das nützt ja auch nichts, das Jammern«, kommt es von ihr wie aus der Pistole geschossen.

Die Gehhilfe, die Karl Heinz die vergangenen acht Wochen begleitete, steht inzwischen nutzlos in der Ecke. Was die Liebe wirklich ist, wie sie sich anfühlt, was sie verlangt und gibt, durchlebten beide erst wieder kürzlich, nachdem er so schwer auf dem Eis gestürzt war und Ursula ihn in ganzer, liebevoller Konsequenz pflegte, ihre über Jahrzehnte auf sechs Kinder fokussierte Fürsorge in diesen Tagen allein auf ihren kranken Mann konzentrierte. »Sie hat mich gehegt und gepflegt, als ich nicht konnte, es mir wirklich nicht gut ging. Diese Frau hat mich regelrecht wieder gesund gemacht. Das ist so ehrenwert«, sagt er mit leichtem Zittern in der Stimme. Er schaut seine Frau lange an. »Dass ich heute verliebt bin wie am ersten Tag merkt man vielleicht gerade im Alter. Beim Anblick meiner Süßen muss ich an das Gleichnis denken: Liebe deinen Nächsten mehr als dich selbst.«

In diesen Momenten ist er es, der emotional wird, Gefühle zeigt, und sie ist es, die ihn auf ihre warme Art wieder auf den Boden zurückholt: »Ich kann dich doch da nicht so liegen lassen. Das ist doch selbstverständlich.«

»Nee, das sagst du immer, aber das ist es nicht.«

Wer die beiden sieht, hat den Eindruck, sie seien geradewegs frisch vom Friseur gekommen. Karl Heinz mit seinen vollen weißen Haaren, akkurat seitlich gescheitelt. Ursulas Haarfarbe schimmert dezent goldbraun, der Pony ist perfekt auf Mitte der Stirn geschnitten und glattgeföhnt. Am Hinterkopf herrscht ein dezent kreiertes Volumen. »Wissen Sie, wer meiner Frau immer so schön die Haare macht?«, fragt Karl Heinz. »Das bin ich. Ich bin inzwischen ihr Hausfriseur.« Es ist ihr kleines Ritual der Fürsorge und Pflege geworden. An die Haare seiner Frau traut Karl Heinz sich erst seit ein paar Jahren. In der Familie war er immer für die Haare der Kinder zuständig, irgendwie habe sich das so ergeben. Während seiner Berufsjahre wurden an den Wochenenden die Kinder der Reihe nach auf die grüne Bank im Haus gesetzt, danach durften sie *Daktari* gucken und kamen in die Wanne. Auf den Familienfotos sitzen die sechs aufgereiht auf dem Sofa, mit Pullunder und weißem Hemd und ordentlichen Ponys und Scheiteln. Alles des Vaters Schnittwerk. Wenn dann noch Zeit war, hob er den Pudel Foxy auf den Tisch und begann, dessen schwarzes Fell zu trimmen, eine Behandlung, die vor allem das Herrchen genoss. »Das war so ein tolles Tier, ihn habe ich ab und zu ganz gern frisiert, Pavian-Schnitt und solche Dinge. So eine Hundefrisur dauerte ja gern auch einmal über eine Stunde.«

Sorgte Karl Heinz dafür, dass die Kinder ordentlich auf dem Kopf aussahen, kümmerte Ursula sich darum, dass in ihren Köpfen ebenfalls Ordnung herrschte: »Ich war sehr hinter den Schulnoten her und bin stolz, dass alle ihren Weg gegangen sind. Von der Zahnärztin zum Techniker bei Airbus.«

Ursula hat sich immer um die anderen gekümmert. Um ihren Mann, die Kinder, die eigenen Geschwister. 1944, sie war acht Jahre alt, flüchtete sie gemeinsam mit der Mutter, der älteren und der jüngeren Schwester aus Ostpreußen nach Schleswig-Holstein. Der Vater kam erst fünf Jahre später aus Sibirien zurück. An einem Tag mussten sie das Wasser überqueren. »Die Bauern hatten ihre Fuhrwerke, doch die nahmen lieber einen Sack Korn mehr mit als eine Person. Das war schlimm. Sie haben dann doch eine Ausnahme gemacht und zumindest meine dreijährige Schwester auf den Wagen genommen. Wir mussten durchs eiskalte Wasser gehen. Die Kleine hat die ganze Zeit gesungen. Sie hatte die Dramatik noch gar nicht realisiert.« Wenn Ursula heute geflüchtete Menschen sieht, überkommt sie große Traurigkeit. »Das trifft mich sehr, denn ich kann auf eine Art verstehen, was sie fühlen. Man ist fremd und ungewollt ...«

»Als ihr zu uns kamt, waren wir auch nicht besser dran, es gab ja nichts nach dem Krieg«, erinnert sich ihr Mann. »Die Schulspeisung, die leckeren Käsebrote bekamen die Flüchtlinge und nicht wir. Dabei hatten wir auch nichts und Kohldampf. So entstand bei vielen diese Wut. Kaum einer mochte die Flüchtlinge.« Karl Heinz dagegen mochte die junge Geflüchtete mit den kurzen Locken so sehr, dass er sie an besagtem Abend des Sängerfestes 1956 keinen Moment aus den Augen ließ.

Genau dreißig Jahre später zog das letzte Kind, die jüngste Tochter, aus dem Familienhaus aus. Das Paar hatte bis dahin also drei Jahrzehnte lang ununterbrochen Familie um sich gehabt. War ununterbrochen mit der Erziehung beschäftigt. Und dann waren die zwei Etagen von einem Tag auf den anderen still. »Ich fand das gut«, sagt Karl Heinz und schaut lächelnd in Richtung seiner Frau, in guter Erinnerung daran, was sie damals empfand. »Das war hart, denn ich habe sie natürlich alle vermisst!« Das Haus blieb nicht lange leer,

denn für drei weitere Jahre wohnte schließlich Karl Heinz'
Mutter bei ihnen. Eine robuste Frau, die in ihrem norddeut-
schen Platt bis ins hohe Alter stundenlang Witze erzählen
konnte. Weil sie die Letzte im Haus war, um die das Ehepaar sich nach den ausgezogenen Kindern kümmern musste,
scheuchte sie die beiden abends regelmäßig vor die Tür: »Ich
komme gut klar, geht ihr ins Kino.« Eines Tages nahm sie
ihre Schwiegertochter zur Seite: »Wenn ich nicht mehr da
bin, dann verreist ihr endlich einmal zu zweit und zwar richtig weit. Versprichst du mir das?« 1992 verstarb sie, und die
Kalinas, damals beide um die fünfzig, flogen wenige Monate
später nach Lanzarote. Und in den folgenden Jahren immer
wieder. »Bestimmt sechzehn Mal.« Nach zwei Bandschei-
benvorfällen ging Karl Heinz Mitte der neunziger Jahre in
Frührente, nach vielen intensiven Jahren im selben Betrieb.
Und so konnten die beiden ihre Urlaube mit einem Mal
ganz kurzfristig planen. Plötzlich konnten sie die Reisen antreten, die mit den vielen Kindern finanziell nicht denkbar
gewesen wären. Kanaren, Norwegen …

»In dieser Zeit war alles bei uns spontan«, sagt Karl Heinz
und muss schon grinsen in Vorfreude auf das Erzählen der
Geschichte. »Wir sind dann immer in unser Lieblingscafé
gefahren, die Seestedter Backstuben, haben ein Stück Torte
oder einen leckeren Eisbecher bestellt und angefangen zu
plaudern. Und dann sagte ich irgendwann: Weißt du was,
meine Süße, wenn wir hier fertig gegessen haben, gehen
wir ins Reisebüro. Und innerhalb von drei Wochen ging es
dann immer los.«

»Stimmt«, lächelt Ursula, »in diesem Café wurden wir uns
immer einig.« Das Café in Seestedt oder die Stunde mit den
Rädern am Kanal, das sind diese romantischen Räume, in
denen das Paar insgeheim Kraft tankte, um als Eltern und

irgendwann Großeltern für die große Familie da zu sein. Diese kurzen Auszeiten, in denen sich die beiden als Paar hatten und wahrnahmen. Und ich kenne es ja selbst: Das, was ich an meinem Partner so liebe, kann ich unter einem Zentner Alltag manchmal gar nicht mehr wahrnehmen. In Momenten dagegen, in denen wir wirklich Zeit zu zweit haben, als Menschen, als Paar, sehe ich plötzlich wieder all das, weshalb ich mich verliebt habe. Diese Räume, egal wie sie in der Realität aussehen, sind wichtig, und die Kalinas haben das Schaffen dieser Räume perfektioniert. Bei so einer kinderreichen Familie muss man als Paar natürlich einen Plan haben: Wie schaffen wir es, uns bei sechs Kindern am Ende dennoch zu sehen, als Mann und Frau? Manche beginnen eine Paartherapie, die Kalinas gingen in ihr Café und bestellten Eis und Torte. Vereinfacht gesagt.

Vor allem Karl Heinz genoss in der Ferne die Wärme, das Klima, die Zeit mit neuen Bekannten. »Manche hatten sich auf Lanzarote als Rentner über acht Wochen einquartiert. Das hätte ich mir auch vorstellen können, aber Ursula wurde nach vierzehn Tagen schon nervös und wollte wieder zurück.«

Ein Jahr blieben sie ausnahmsweise über Weihnachten. Einmal und nie wieder, sagte sie. Als sie am 2. Weihnachtstag zu Hause ankamen, hatten die Kinder alles festlich dekoriert. Mit geschmücktem Baum und Wildterrine im Ofen. Seit 2005 sind sie keine längeren Strecken mehr geflogen, denn nach einer Herz-OP verspürte Karl Heinz nicht mehr die Kraft, die er immer hatte. »Ich war sonst immer sehr badefreudig, bin gerne lange Strecken geschwommen, doch das habe ich mir plötzlich nicht mehr zugetraut. Irgendwas ist da passiert. Und auch die letzten zehn Jahre, zwischen siebzig und achtzig, sind so schnell vergangen. Das macht einen schon nachdenklich. Umso intensiver genießen wir heute jeden Moment miteinander und sind unheimlich dankbar, wie gut es uns bisher eigentlich gegangen ist. Der böse Sturz hat mir das noch einmal klargemacht.«

Natürlich reden die beide über den Moment, in denen der Tod sie trennen wird, und sind heilfroh, dass die Kinder abgesichert sind und fast alle Eigentum besitzen. Was ist, wenn einer zuerst geht? Oder der andere als Erster in ein Heim muss, weil er ein Pflegefall wird? »Dann wird der andere ihn jeden Tag besuchen«, sagt Ursula selbstverständlich. »Wichtig ist, dass man im Alter noch laufen kann, dass der Kopf und die Augen funktionieren.« Da ist sie wieder, die Lebensfreude, die den beiden so enorm wichtig ist.

Um sich herum sehen sie immer häufiger gesundheitliche Einbrüche bei Leuten in ähnlichem Alter. »Von einem auf den anderen Tag. Das tut so weh«, sagt Karl Heinz nachdenklich. Ursula hat selbstgebackenen Streuselkuchen auf den Tisch gestellt und beim Durchgehen ihrer befreundeten Paare stellen beide plötzlich fest, dass tatsächlich keins so lange verheiratet ist wie sie. »Weil sie entweder schon verstorben oder verwitwet sind oder es eben noch nicht so viele Ehejahre sind wie bei uns.«

Vor ein paar Tagen, als es ein bisschen wärmer war und die Sonne großzügig ab und zu ein paar Strahlen durch die Wolkendecke schickte, stand Karl Heinz vor dem Haus und machte seinen Motorroller fit. »Am Schluss bin ich dann doch noch schnell eine Runde um den Block gefahren. Musste ja schließlich testen, ob noch alles funktioniert!«

Ursula stand am Küchenfenster und schüttelte den Kopf. »Und das wenige Wochen nach dem Sturz. Das kann ja wohl nicht wahr sein!«

Wenn Karl Heinz mit dem Roller oder dem Auto in den Ort fährt, bringt er seiner Frau vom Einkaufen stets ein Sträußchen Blumen mit. »Oder etwas Feines vom Schlachter.«

In einer Ecke des Wohnzimmers steht der große Flachbildschirm. »Meine Frau guckt gern Pilcher, und ich mag diese Naturkanäle, Dokus, in denen Bären in Zeitlupe nach dem springendem Lachs schnappen und solche Dinge.« Doch wenn *Rosamunde Pilcher* läuft, springt er nicht auf, sondern schaut natürlich immer mit. Beide sind empfänglich für Romantik und verdrehen bei Szenen, in denen der Lord seiner Geliebten aus London die ewige Treue schwört, nicht die Augen. Denn sie sind selber jenes Liebespaar innerhalb der großen Verwandtschaft, das von jeher als Vorbild verehrt wurde. Nachher läuft *Das Traumschiff*. Auf das können sich beide einigen. »Wir reisen zwar inzwischen nicht mehr viel, aber wenn ich mein Ulitchen noch einmal überreden könnte, würde ich gerne mit ihr eine Kreuzfahrt antreten.« Ursula nimmt den Wink lächelnd zur Kenntnis. »Schon zu unserer Diamantenen Hochzeit wollte ich sie eigentlich zu einer Kanarenfahrt einladen«, setzt er das Kreuzfahrtthema fort und zwinkert seiner Frau zu, als sei sie nicht achtzig, sondern ein Teenager. Seine Süße. »Da bin ich noch dran, an der Kreuzfahrt.« Bis dahin fahren sie mit dem Rad an ihren See in der Nähe oder besuchen die Kinder und Enkel. Die Seestedter Backstuben, das Café, das für die beiden über Jahre zum ganz eigenen Rückzugsort wurde für köstliche Kuchen, tiefe Gespräche wie in der Paartherapie ohne Therapeuten und spontane Urlaubsplanungen, diesen besonderen Ort gibt es leider nicht mehr.

Und das Tanzen? Warum findet das morgendlich immer

zu Hause statt? Gibt es sie hier auf den Dörfern nicht mehr, die guten alten Tanztees? »Doch, doch, einige. Es kommt wieder in Mode und ist speziell für Senioren. Aber da wollen wir noch nicht hin«, sagt Ursula und deutet auf Karl Heinz.

»Ulitchen, wir sind vielleicht Urgroßeltern, aber in dem Alter für Seniorentanztees sind wir nun echt noch nicht!«

Die liebevolle Art, wie diese beiden anscheinend jeden Tag ihrer Beziehung die Köpfe zusammenstecken, plaudern, lachen und sich erinnern, kommt der Innigkeit meiner Großeltern sehr nahe. Obwohl bei diesen beiden weniger gesunder Egoismus mitschwingt als bei meinen Großeltern. Irmel und Paul hatten bei der Idee von Liebe zuallererst sich als Paar im Fokus und dann erst ihre beiden Töchter. Das erzählt mir meine Mutter, seit ich denken kann und sogar mit einem gewissen Stolz auf ihre emanzipierten Eltern. So solle man es idealerweise als Paar machen, wurde mir beigebracht. Die Ehe zuerst und dann die Kinder – ein Ansatz, den die Kalinas nicht nachvollziehen können. Die Entscheidung, eine große Familie zu gründen, stand immer an erster Stelle. Das Erstaunliche ist, wie es die beiden in dieser dichten Familiensituation über die Jahre geschafft haben, sich als Paar nicht aus den Augen zu verlieren. Wie sie die wenige gemeinsame Freizeit nutzten, um romantische kleine Fluchten zu kultivieren. Denn klar ist: Je begrenzter etwas ist, desto kostbarer wird es, desto mehr Leidenschaft ist im Spiel. Wenn den beiden ständig und immerzu endlos Zeit zu zweit zur Verfügung gestanden hätte, wäre ihre Beziehung vielleicht ganz anders verlaufen. Dieser Genuss, nun im Alter alle Tage und Stunden füreinander zu haben, liegt nicht zuletzt an der Tatsache, dass das über Jahrzehnte nur in Miniportionen möglich war. Ich kenne es ja selber: Bei zwei Kindern einen Abend mit dem Partner freizuschaufeln für gemeinsames Kino oder essen gehen, fühlt sich jedes Mal ein wenig an wie ein erstes Date.

Karl Heinz und Ursula hatten viele Rendezvous und sind Profiromantiker, mit gelebter Zuneigung, die ohne Spielchen auskommt. Die Kalinas haben keine Scheu vor großen Gefühlen, verpackt in Liebkosungen und Schwüren, warum sollten sie dem anderen nicht jeden Tag aufs Neue und mit allen Mitteln und Möglichkeiten zeigen, wie lieb man ihn hat? In dieser Direktheit liegt etwas sehr Berührendes, etwas Starkes, das mich über die Idee von Romantik neu nachdenken lässt. Denn ist es nicht so: Wenn man sich entscheidet, mit einem Menschen sein Leben zu verbringen, hat dieser es mehr als verdient, die Zuneigung in aller Deutlichkeit und ungefiltert zu spüren, damit regelrecht überflutet zu werden. Das gelingt diesen beiden. Und genau das macht sie so besonders.

4

Blanche Wiesen Cook und Clare Coss

MIT OFFENEN HERZEN
UND ERHOBENER FAUST

I am deliberate and afraid of nothing.
Audre Lorde

Ich war als afro-deutsche Frau eigentlich immer nur mit weißen Partnern zusammen. Verständnisvolle, selbstreflektierte Männer. Doch was es wirklich bedeutete, schwarz und damit anders zu sein in einer deutschen Gesellschaft, musste ich ganz allein herausfinden. Sie waren zwar meine Beschützer, wenn es zu rassistischen Kommentaren anderer gegen mich kam, doch sie waren nie wirklich meine Seelenverwandten, die meine Situation kannten, weil sie genau das irgendwie, irgendwann auch schon erlebt hatten. Die Erfahrung mit Rassismus verband mich bis dahin vor allem mit meinem Bruder. Er wurde in Korea geboren und bereicherte ein Jahr nach meiner Adoption unsere Familie. Meine Mutter erzählt bis heute: »Du hast deinen Bruder gesehen und von Sekunde eins an geliebt.« Zwei Mädchen in seiner Grundschulklasse, die ihn immer hänselten, verprügelte ich. Und als er später als Student in einem Restaurant aushalf und sein Chef, ein unangenehmer Zyniker, ihn übel beschimpfte, schrie ich den ganzen Laden zusammen. Sein Schmerz war mein Schmerz.

Als ich meinen jetzigen Partner das erste Mal sah, mit Ende zwanzig, setzten sich in mir absurde Mechanismen in Gang. Der vertraut wirkende Fremde hatte einen Vollbart, wie mein Adoptivvater (obwohl ich diesen Begriff nie benutze: mein Vater ist mein Vater). Er war schwarz, wie wiederum mein Erzeuger, dem ich bis heute nicht begegnet bin. In dieser Person kam alles zusammen, was ich einerseits kannte und andererseits unbewusst gesucht hatte. Gedanklich, kulturell, von unseren Interessen her. Innerlich schrie mein Unterbewusstsein bei unserer Begegnung: »Das wurde aber auch Zeit!« Dieses Gefühl hatte ich bei keinem Freund zuvor in dieser Klarheit erlebt. Dabei sind es alles tolle Typen gewesen. Doch sie wollte ich kennenlernen. Bei ihm war ich sofort angekommen.

Clare Coss spürte, wie sehr sie angekommen war, beim Bügeln. Ihr Mann trug unter seinen Hosen immer Boxershorts, und die wünschte er sich faltenfrei. Und da es die Sechziger waren, nahmen Frauen ihren Männern diese zeitraubende Tätigkeit leider noch ab, selbst bekennende Feministinnen wie Coss, die natürlich am liebsten gegen diese geschlechtsspezifischen Rollen rebelliert hätte. Aber es half nichts, ihr Mann brauchte seine Shorts, und so stand die damals 34-Jährige vor dem großen Fenster ihres Appartements in Oxford, in das sie gerade erst aus New York gezogen waren, und bügelte. Sie dachte an ihre Mutter. Eine lebendige, humorvolle Hausfrau, Jahrgang 1900. »Man muss den Mann bedienen«, sagte diese immer. Clares Blick wanderte hinaus in den Garten und verweilte auf dem wunderschönen Maulbeerbaum. Ein über dreihundert Jahre altes, fast magisches

Wesen. Sie fühlte sich plötzlich wie Picassos *Die Büglerin*, ein Bild aus der blauen Periode des Malers. In dieser Zeit, kurz nach Beginn des 20. Jahrhunderts, lebte Picasso noch in sehr bescheidenen Verhältnissen und musste kämpfen, um als Künstler überhaupt überleben zu können. Er konzentrierte sich auf das einfache Leben, das um ihn herum in Barcelona und Paris stattfand und hielt Menschen wie die Büglerin mit einer trübsinnigen, düsteren Farbpalette aus Blau-, Grün- und Grautönen fest. Hager und mit aller Kraft den schmalen Oberkörper auf das Eisen stemmend, verrichtet sie eine Arbeit, die zu dieser Zeit noch extreme, körperliche Anstrengung bedeutete. Kunsthistoriker sahen in dem Gemälde vor allem Picassos Faszination für die Würde, mit der die Dargestellte ihre leidvolle Situation, ihr gegebenes Schicksal, hinnahm.

Clare dagegen befand sich in den ausgehenden Sechzigern und wollte ihre Situation definitiv nicht so hinnehmen wie Picassos Leidende. Auch der Rat ihrer Mutter war in diesem Moment eher kontraproduktiv. Und dann machte es plötzlich klick. Sie würde das Bügeleisen jetzt ausmachen und ihren Mann verlassen. Denn sie war längst angekommen. Allerdings nicht bei ihm, sondern bei Blanche Wiesen Cook. Einer Frau, die sie seit drei Jahren kannte und deren intensive Persönlichkeit sie definitiv nicht mehr losließ. Wenn es etwas gab wie Liebe auf den ersten Blick oder die extreme Chemie zwischen zwei Menschen, dann war das mit dieser Frau geschehen.

»Doch alles der Reihe nach«, unterbricht Blanche und stellt vor ihre Partnerin ein äußerst übersichtliches Miniatur-Frühstück auf den Couchtisch, bestehend aus einem halben Knäckebrot, bestrichen mit Nussmus, darauf zwei Blaubeeren. Es ist Morgen auf der Upper West Side in Manhattan, ein paar Gehminuten vom Central Park entfernt. Draußen sind die Temperaturen schon jetzt bei fast 27 Grad, und auf den sauberen breiten Bürgersteigen sieht man sportliche Dogsitter mit diversen angeleinten Hunden, gestresste Väter in Anzug mit ihren Schulkindern sowie entspannte ältere Damen in der typischen Upperclass-Uniform aus Sonnenbrille, Turnschuhen und Taschen im Wert eines Ledersofas. Die Apartmenthäuser in den Seitenstraßen haben längliche Vordächer wie Hotels, darauf in Schreibschrift gedruckt die Hausnummern. Eighty-Four, Seventy-Six … Pförtner in Uniform stehen in den Lobbies, in dieser Gegend wohnen Schriftsteller, Akademiker, Künstler, die Columbia University ist gleich den Block hoch. Clare und Blanche leben hier, in ihrer Wohnung im 14. Stock, seit weit über vierzig Jahren.

Es ist immer noch dieselbe, die erste Wohnung, in die sie damals gemeinsam gezogen sind. Sie ist groß, lichtdurchflutet und wirkt wie das begehbare Gehirn zweier leidenschaftlicher Hardcore-Intellektueller. Mit Sinn für Stil und einem sich physisch breitmachenden, überbordenden Interesse. Überall Bücher. Und Magazine. Und die *New York Times*. In diversen Regalen und auf den Tischen der einzelnen Zimmer. Auf Stühlen. In einem Regal im Wohnzimmer befinden sich ausschließlich Bücher, die Freunde der beiden und sie selber verfasst haben. Ein anderer Raum ist derart voll mit Literatur, dass sie dessen Tür gleich schließen, als ich hereinkomme. An den freien Wänden, an denen keine Regale stehen, hängen alte, zeitlos designte Pro-Abtreibungs-Poster der italienischen Kommunistischen Partei und gerahmte Fotografien von Freunden und deren Kindern. Sehr, sehr viele dieser Kinder sind heute Clare und Blanches Patenkinder. »Es sind siebzehn! Wir kennen jeden Geburtstag, kümmern uns seit Jahren und sind folglich sehr damit ausgelastet«, sagt die 82-jährige Clare. Blanche ist fünf Jahre jünger. Beide haben keine Kinder. »Früher, als wir beide noch verheiratet waren, haben wir uns durchaus Nachwuchs gewünscht. Doch als wir dann zusammenkamen, war es irgendwie kein Thema mehr.« Und siebzehn Patenkinder muss man ja auch erst einmal bespaßen und zufriedenstellen. »Unser ältestes Patenkind ist bereits sechzig. Und das jüngste gerade erst ein Jahr«, erzählt Blanche. Als es geboren wurde, war Donald Trump gerade frisch im Amt als Präsident der Vereinigten Staaten. Bei dem Namen Trump legt sich umgehend ein dunkler Schatten über die warme, helle Wohnung. Dass dieser Mann, »diese Kreatur« nun in einer derartigen Machtposition stecke, das mache beiden große Angst. »Die Vorstellung macht uns krank!« Am Abend der Wahlen saßen sie mit anderen Feministinnen beisammen, in freudiger Erwartung, die erste gewählte Präsidentin der Vereinigten Staaten zu feiern. »Und dann das … Es war so ein Schock.«

Ihre allererste Begegnung geben beide wieder, als habe sie sich nicht vor zweiundfünfzig Jahren, sondern vor gerade erst zweiundfünfzig Minuten abgespielt. Clare war beruflich ein Jahr in Buffalo gewesen und nun wieder in New York. »Ich habe Leute kontaktiert, und jemand lud mich ein zu einem Meeting der *Women's International League for Peace and Freedom*, kurz *WILPF*, in einer Unitarian Universalist Church auf der East Side, es war eine Aktion gegen den Krieg in Vietnam.« Clare trug ein weiches blaues Wollkostüm von Liberty of London, dazu Pumps und das Haar blondiert, da es begann, grau zu werden. »Und mein Mann mochte bei Frauen keine grauen Haare.«

Irgendwann bemerkte sie diesen Blick. Eigentlich war

es eher ein Starren, und es kam aus der anderen Ecke des Raums. »Ich habe wirklich gestarrt. So umwerfend sah sie aus. Gestarrt und meine Zigarette geraucht. Mit Dunhill-Zigarettenspitze, versteht sich«, sagt Blanche und grinst. Das Extravagante feiert vor allem sie bis heute. Eine drahtige, kleine Frau mit kurzen dicken dunkelgrauen Haaren. Als ich die beiden besuchte, trug Blanche diverse schwere Silberringe an den Fingern, ein Peace-Zeichen-Armband, Ketten aus Türkis, Amethyst und anderen Steinen, und die dunkle, schmale Hose in knallrote Cowboystiefel gesteckt.

»Blanche stand also in der Ecke und hielt ihre Dunhill-Zigarettenspitze, hatte ein dunkelgrünes Jackett mit Rock und hohen Stiefeln an, dazu eine grüne Brille und die dunklen, vollen Locken mit Pomade nach hinten gekämmt, wie junge Männer es in den Fünfzigern häufig taten. So ein typischer *D.A.* ...« *D.A.*? »Na, *Ducks Ass*, der Hinterkopf mit den zusammengekämmten Haaren sah bei dieser Frisur immer ein wenig aus wie der Hintern einer Ente!« Elvis war berühmtester Träger des *D.A.* »Und Blanche sah so stark aus und faszinierend, dass ich unruhig wurde und noch vor dem gemeinsamen Kaffeetrinken mit der Gruppe gegangen bin.«

Beide lachen los. »Na ja, du bist regelrecht geflüchtet! Und ich habe natürlich alle gefragt: Wer, zum Teufel, war diese Blonde?«

Ein bisschen wie bei Cinderella. Beide waren zu diesem Zeitpunkt bereits seit einigen Jahren verheiratet, doch zumindest Blanche hatte zuvor schon eine Beziehung mit einer Frau geführt. »Ich dagegen war heterosexuell, für mich war das alles neu. Natürlich habe ich mich in sie verliebt als Frau, aber vor allem auch als Mensch.« Blanche war verheiratet, weil sie Kinder wollte, doch ihr Mann wusste, dass sie auch Frauen liebte. »Meine damalige Partnerin war später auch verheiratet. Es waren andere Zeiten als heute, wo man viele Dinge viel selbstverständlicher leben kann. Wir waren damals alle verheiratet.«

Um die unbekannte Blonde wiederzusehen, die so einen Eindruck auf Blanche gemacht hatte, arrangierte sie mit Clare und einer weiteren befreundeten Aktivistin ein Treffen, um nächste Projekte zu besprechen. »Ich hatte mit einem normalen Meeting mit mehreren Frauen gerechnet, doch als ich kam, waren tatsächlich nur die Bekannte und Blanche da«, sagt Clare. »Wir hatten also unser Treffen, alles rein professionell.« Doch danach bot Blanche an, Clare noch nach Hause zu begleiten. »Und dieser Spaziergang war sozusagen der Anfang.«

Danach gingen sie sehr oft spazieren. Manchmal stundenlang. Trafen sich über die aktivistische Arbeit, waren gemeinsam auf Demonstrationen und gingen diverse Male sogar als Ehefrauen gemeinsam mit ihren Männern essen. Während gedünsteter Fisch aufgetragen, Wein getrunken und über die Weltlage diskutiert wurde, berührten sich die Hände der beiden Frauen den ganzen Abend heimlich und diskret unter dem Tisch. Ich kann mir die Intensität und unglaubliche Spannung, die in solchen Momenten zwischen diesen beiden frisch verliebten Menschen geherrscht haben muss, absolut vorstellen. Diese Mischung aus Verlangen, Sehnsucht und, trotz aller Liberalität, der nachvollziehbaren Angst, ihre Ehemänner könnten dahinterkommen. Doch sie kamen nicht dahinter. Und das, obwohl sich die beiden als Aktivistinnen jetzt ständig sahen, tagelang konzentriert arbeiteten, an Projekten und Schriften, am gemeinsamen Kampf für Gerechtigkeit. Sie gingen zu Konzerten und teilten in der Aktivistenszene viele Freundschaften, ein riesiges, lebendiges Netzwerk. »Wir haben sehr viel politische Arbeit zusammen gemacht, zu Themen rund um Gleichberechtigung für Frauen, Rechte für Homosexuelle, gegen Segregation, für atomare Abrüstung und natürlich die ständige Demonstration gegen den Krieg. Es gab so viel zu tun, und es gibt immer noch viel zu tun«, sagt Blanche und hebt zur Bekräftigung kurz ihre Faust. Es gehe um Solidarität, um Einigkeit und Widerstand.

Vor allem die Sechziger erlebten die beiden als extremes und intensives Jahrzehnt, in dem für sie persönlich, aber auch weltpolitisch unfassbar viel passierte. »Die Politik, der Aufruhr, die Musik. Es war die unglaublichste Dekade. Ein bisschen so, wie die Leute damals von den Dreißigern erzählten«, sagt Clare. Doch es sollte nach ihrem ersten Treffen 1966 noch drei Jahre dauern, bis beide Frauen sich endlich zueinander bekannten. Denn Blanche, die vor ihrer Ehe bereits mit einer Frau zusammen gewesen war, wollte alles, nur nichts überstürzen. Und sie machte nicht die Spur von Druck. Eher im Gegenteil, sie nahm sich in den vielen Monaten, in denen die beiden Aktivistinnen zusammen waren und an Projekten arbeiteten, absolut zurück. Wenn sie eines nicht wollte, dann war es, Clare zu etwas zu drängen. »Was sehr weise von ihr war. Blanche wusste, dass sie es bei mir langsam angehen musste, denn immerhin hatte ich bis dahin ein absolut heterosexuelles Leben gelebt, und eine Beziehung zu einer Frau war komplett neu für mich. Wäre sie zu schnell oder fordernd gewesen, hätte sie mich am Ende noch in die Flucht geschlagen. Aber Blanche war schlau und zeigte Geduld. Sehr viel Geduld.«

Irgendwann bekam Clares Mann das Angebot, in Oxford zu unterrichten. Wie es das Schicksal so wollte, waren Blanche und ihr Mann zur gleichen Zeit in London für ein Rechercheprojekt am British Museum. Und so stand Clare schließlich eines Nachmittages an besagtem Fenster mit Blick auf den Maulbeerbaum und stellte das Bügeleisen aus. Immer und immer wieder ging ihr diese eine Frage durch den Kopf: Warum leben wir eigentlich noch in diesen Ehen bei unseren Männern, obwohl es doch wir beide sind, die sich lieben? Wir sind in unseren Dreißigern und sollten uns endlich dazu bekennen, dass wir zusammenleben wollen. Nicht mehr versteckt, sondern offen! Noch am gleichen Tag schrieb sie Blanche einen Brief mit dramatischem Imperativ: »Lass uns die beiden verlassen!«

Als Blanche die Zeilen wenig später las, sprach sie darüber mit ihrer langjährigen Freundin, der wunderbaren amerikanischen Schriftstellerin und Aktivistin Audre Lorde. »Glaubst du, dass Clare es ernst meint?« Die Freundin nickte. »Ich bin mir sicher, dass Clare es ernst meint.« Also trafen sie sich, das erste Mal, seit die Entscheidung offen ausgesprochen war. Sie saßen auf einer Bank in der eleganten Londoner Nachbarschaft des British Museum, am Russell Square. »Direkt um die Ecke stand das Virginia-Woolf-Haus«, erinnert sich Blanche. Sie trug einen rostroten Cordrock zu Keilabsätzen, damit sie neben der großen Clare nicht so klein wirkte. Die Bank wurde zum Symbol, »denn hier trafen wir endgültig die Entscheidung. Wir haben sogar ein Foto von dieser Bank und waren zuletzt zu unserem zwanzigjährigen Jubiläum wieder dort.«

1969 kamen die beiden Frauen also endlich zusammen, im Monat von Stonewall, jenen gewalttätigen Konflikten zwischen Homosexuellen und der Polizei in New York. Das Stonewall Inn war eine Bar der schwulen und lesbischen

Szene in der Christopher Street in Greenwich Village, und dass sich Homosexuelle erstmals im Rahmen einer Razzia der Überführung durch die Polizei widersetzten, wird bis heute als Wendepunkt im Kampf für Gleichberechtigung und Anerkennung gefeiert. Der legendäre Christopher Street Day ist eine Erinnerung an jene Nacht vom 27. Juni 1969.

»Um dieses Datum herum haben wir uns das erste Mal sexuell angenähert. Der große Kontakt … endlich!«

Beide müssen laut lachen. »Und da wir nicht mehr wissen, wann ganz genau es war, datieren wir unser Jubiläum nun immer auf den Vollmond im Stonewall-Monat Juni«, erklärt Clare.

Die Entscheidung war getroffen. Nun mussten sie es ihren Partnern sagen. Aber wie? »Indem wir uns klar von ihnen trennten mit dem Argument, dass es nicht mehr funktionierte. Meine Ehe lief ohnehin nicht mehr wirklich gut«, gibt Clare zu. Den wahren Grund für die Trennung behielten beide allerdings für sich. »Dennoch waren unsere Männer geschockt.«

Clares Ex-Mann zog später nach Australien, und sie ahnt, dass er es natürlich irgendwann über gemeinsame Freunde mitbekommen haben muss. Doch sie hörten nie wieder voneinander. »Es war einfach eine ganz organische Sache, Blanche und ich. Es fühlte sich eben absolut natürlich an. Ich war dort angekommen, wo und mit wem ich sein wollte. Ich habe davor tatsächlich nie darüber nachgedacht, lesbisch zu sein, mit einer Frau als Partnerin mein Leben zu verbringen. Aber es war einfach die richtige Person. Ich habe mich in Blanche als Mensch verliebt. Du hättest sie gestern Abend sehen sollen …«, sagt Clare, und beide prusten wieder los. »Sie war so lustig. Blanche ist einfach sehr, sehr lustig.«

Dabei begann Blanches Leben, Jahrgang 1941, wie sie selbst sagt, »als ein Unfall«: Alles, was das eigenwillige Mädchen damals interessierte, waren Sport und Musik. Sie spielte Geige im Orchester und war eine sehr gute Turnerin. Bis zu jenem Tag, an dem ein Junge versehentlich am Ende der Matte eine eiserne Langhantel liegen ließ und Blanche dort mit einem Dreifachsalto landete. »Mir sind Muskeln und Bänder im Rücken gerissen, und ich konnte diese Leidenschaft von einem Moment auf den anderen nicht mehr ausleben. Es war furchtbar. Ich war sechzehn und dachte, mein Leben ist vorbei. Also musste ich mich vom Sport verabschieden und mich auf andere Dinge konzentrieren. Und so kam ich zur Wissenschaft.«

Blanche interessierte sich für Geschichte, Anthropologie und Politikwissenschaften, ergatterte mehrere Stipendien, ging ans Hunter College und studierte an der Johns Hopkins University. »Es war eine Zeit, in der Baltimore immer noch segregiert war und nur wenige jüdische Studierende wie ich an der Universität waren. Außerdem war ich eine der ersten Frauen, sprich: eine Minderheit auf vielen Ebenen. Wegen meines Geschlechts, meiner Herkunft, meiner Religion.«

Sie erzählt mir, wie sie als Zehnjährige mit der Mutter durch ihre Fünfzigerjahrenachbarschaft in Queens in New York zog und selbstbewusst und mutig von den Zäunen rassistische Schilder abnahm und wegwarf: »No dogs or jews allowed« – Keine Hunde oder Juden erlaubt. Blanches Mutter war klein, drahtig und furchtlos. »Jahre später, es war die Zeit, als *Arielle* gerade in die Kinos gekommen war, fragte Clare sie im Scherz am Pool: ›Sind Sie die kleine Meerjungfrau?‹ Und meine Mutter antwortete: ›Nein, ich bin ein großer, fetter Wal!‹ Exakt so war meine Mutter.«

Und im Grunde war das damalige Abnehmen der Schilder Blanches erste aktivistisch motivierte politische Handlung.

Auch Clare, Jahrgang 1935, wuchs mit den grausamen Grenzen der Segregation auf. Das Mädchen lebte sowohl im nördlichen New Jersey wie auch in New Orleans in den Südstaaten des Landes, zwei Städte, eine rund zwanzigstündige Autofahrt voneinander entfernt. Die Jim-Crow-Gesetze waren noch in Kraft, »und man spürte und sah die Trennungen von schwarzer und weißer Bevölkerung in jedem erdenklichen Bereich des öffentlichen Lebens: Schulen, Kirchen, Toiletten, Restaurants, in Theatern, in Bussen … Ich erinnere mich noch sehr genau an die ›Coloured only‹-Schilder.«

In ihrer Nachbarschaft in New Jersey brannte eine Grundschule aus, in die vornehmlich schwarze Kinder gingen. Sie wurden schließlich verteilt, und rund zwanzig von ihnen kamen auf Clares Schule. »Wir wurden Freunde, verstanden uns natürlich wunderbar. Doch außerhalb der Schule, nach dem Unterricht, kam es nie zu näheren Kontakten. Das war ein absolutes Tabu, und niemand verlor ein Wort darüber. Diese ganzen Erfahrungen haben mich beim Thema Rassismus und Diskriminierung bereits früh sensibilisiert.«

Clare begann ihr Studium in den Südstaaten an der Louisiana State University im Fach Theater. Die Universität liegt direkt am Mississippi River, an dem 1955 der afroamerikanische Teenager Emmett Till von Weißen brutal ermordet wurde. »Das war in der Zeit, in der ich dort studierte. Ich war zwanzig, und das Ganze hat mich derart geschockt und belastet, dass ich schließlich Jahre später ein Theaterstück über Emmett Till geschrieben habe. Als weiße Person ist das natürlich schwierig, aber ich habe dann doch einen Zugang gefunden.«

Clare ist eine zarte Frau von dennoch 'großer Statur, in eleganten Blusen zu Jacketts mit ausgefallenen Mustern und bis heute unverändertem Pagenschnitt mit akkuratem Pony. Nur sind ihre Haare schon lange nicht mehr gefärbt, sondern schimmern weiß. Sie wirkt sanft und schlau, zurückhaltend und klar, wie jemand, der gut zuhören und in wichtigen Momenten das Richtige sagen und niederschreiben kann. Nach Louisiana studierte sie in New York und hat einen Master in Theater, Pädagogik und Sozialarbeit. So bewegte sie sich bis 2016 in unterschiedlichen Berufen und machte mehrere Karrieren gleichzeitig: Clare war Psychotherapeutin, schrieb Bücher, Theaterstücke, arbeitete als Redakteurin, zuständig für Poesie bei einem feministischen Journal. Im Regal steht ihr Buch, in dem sie lesbische Dichtung unter dem durchaus romantischen Titel *The Arc of Love* versammelt. Auf dem Cover formen zwei Frauenhände ein Herz. Derzeit komponiert die 82-Jährige übrigens eine Oper. Ihre Partnerin Blanche unterrichtet am John Jay College und am Graduate Center der City University of New York als Professorin für Geschichte und Women's Studies. Darüber hinaus widmete sie beinahe vierunddreißig Jahre ihres Berufslebens der Produktion einer gefeierten, umfangreichen Biographie über Eleanor Roosevelt. »Eine dreibändige Biographie über eine Frau zu finden, ist extrem selten, weshalb die Vollendung von Blanche Wiesen Cooks monumentalem und inspirierendem Werk über das Leben von Eleanor Roosevelt ein nennenswertes Event ist«[6], schrieb die *New York Times* zum Erscheinen des dritten Bandes vor knapp zwei Jahren. Und in all diesen beruflichen Großprojekten ist die leidenschaftliche Arbeit als Aktivistinnen noch nicht einmal mit eingerechnet. »Mir fehlt heute oftmals die Ausdauer«, beklagt sich Clare an einem Punkt unseres Gesprächs. Und ich denke beinahe mit Furcht daran, was für ein unaufhaltsames Power-Duo die beiden als junge Frauen gewesen sein müssen.

Denn auch jetzt strotzen beide vor Lebendigkeit. Was nicht zuletzt damit zu tun hat, dass sie einander ihren Weg gehen lassen. Dass sich jede bis heute in allen Bereichen beruflich und privat entfalten kann. Und diese Energie fließt wiederum in die gemeinsame Beziehung und lässt sie wachsen. »Es wird tatsächlich immer schöner«, sagen beide.

Vor mir sitzen zwei starke Charaktere in hohem Alter, die ihr Ding machen und dennoch höchst sensibel auf den anderen achten. Als Liebespaar seit bald fünfzig Jahren leben Clare und Blanche gerade auch jüngeren Frauen aus ihrer Aktivistinnenszene vor, dass es das sehr wohl gibt, eine Beziehung, erfüllt von gleichberechtigtem Geben und Nehmen, von Individualität und gleichzeitiger Einheit. Eine Kombination, die einer Partnerschaft Flügel verleihen kann. Immer auf absoluter Augenhöhe und jenseits von verinnerlichten Erwartungen und Rollen. Denn in den sechziger Jahren offen zu seiner Homosexualität zu stehen, war sehr wohl etwas anderes als heute. Vor allem die Familien des Paares zeigten erstaunliche Toleranz. »Meine Mutter brauchte eine Weile, um meine Liebe zu Blanche zu akzeptieren. Aber sie war von ihrer Persönlichkeit so angetan, dass sie sie am Ende nur noch ihr ›kleines Genie‹ genannt hat«, sagt Clare lächelnd. »Blanches Mutter dagegen dachte, wir beide würden in unseren Ehen bleiben und uns nur sonntags miteinander amüsieren, die heimliche Affäre auf Lebenszeit sozusagen. Aber als sie merkte, dass wir es ernst meinten, begann auch sie es irgendwann zu akzeptieren und mich in ihr Herz zu schließen. Unsere lesbischen Freunde verehrten sie sehr.«

Clare und Blanche hatten zudem das Glück, durch die bereits sehr frühe aktivistische Arbeit eigentlich permanent in einer liberalen, intellektuellen Umgebung eingebettet zu sein. Mit gleichgesinnten, offen denkenden Menschen wie der erwähnten Audre Lorde und innerhalb von Strukturen, die fast familiäre Züge hatten und auch wie ein Schutzwall gegen die alltägliche Diskriminierung funktionierten. Als lesbisches Paar innerhalb der Arbeiterklasse hätten sie offene Anfeindungen und Intoleranz gewiss viel ungefilterter zu spüren bekommen. New York als Metropole war natürlich der perfekte Ort für Diversität und vielfältige Meinungen.

Blanche streicht immer wieder mit der Hand über Clares Knie. Individualität und Einheit. Empfinden die beiden sich als sehr unterschiedlich? »Absolut unterschiedlich!« Clare nickt. »Sie ist Widder, ich bin Waage, da fängt es ja schon einmal an. Wir sind komplett verschiedene Tierkreiszeichen.« Der Widder gilt als impulsiver Streiter, der gerne auch einmal mit seinen Hörnern durch die Wand rennt. Die Waage dagegen liebt es harmonisch und ist oft beschwichtigend. Es ist fast unheimlich, wie sehr diese beiden Zeichen zu ihren Trägerinnen passen. »Ich bin die gute Zuhörerin, weil ich jahrelang als Therapeutin gearbeitet habe. Ich habe gesessen, geschwiegen und zugehört. Blanche dagegen ist die gute Debattiererin, die keine Angst hat, auch einmal auf Konfrontationskurs zu gehen. »Ich liebe es, wenn Leute sie anrufen, um sie als kämpferische Stimme auf Podien einzuladen. Sie ist absolut furchtlos. Und so begabt!« »Das bist du auch. Und ich würde ohnehin nichts schaffen ohne dich. Absolut nichts.« Kurze Stille. Man hört nur noch das leise Rauschen von Manhattans neurotischem Verkehr vierzehn Stockwerke tiefer. Die beiden Frauen schauen einander an, ihre Hände streicheln einander. »Ich bin eben einfach sehr gerne bei dir«, sagt Clare leise. »Meine Definition oder mein Verständnis von Liebe ist jemand, der das Beste in mir hervorholt.« Sie schaut Blanche an. »Und ich denke, wir haben in den vergangenen Jahrzehnten wunderbare Dinge in einander hervorgeholt.«

Diese Momente. Es berührt mich, dass ich dabei sein darf, wenn sich zwei Menschen in die Augen schauen und zueinander bekennen. Zwei, die weit mehr als ihr halbes Leben miteinander verbracht haben. All diese Paare, die ich in den vergangenen Monaten getroffen habe, bekennen sich zueinander, jeder auf seine Weise, manche überschwänglich, andere nur in einer kleinen Andeutung, beinahe flüchtig. Doch ab einem gewissen Punkt des Gesprächs gibt es immer diesen Moment. Und er geht mir mehr unter die Haut als jedes Drama, wegen dem ich nächtelang durchgeheult habe.

So verschieden die Temperamente und Talente von Clare und Blanche auch sind, ihre Visionen und Vorstellungen vom Sinn des Lebens sind dieselben: als Mensch an Gerechtigkeit zu glauben und dafür zu kämpfen. Ich spüre hier regelrecht, wie die Kraft durch das Arbeiten miteinander für das gemeinsame Ziel seit Jahren in diese Beziehung fließt. Die gemeinsamen Erfahrungen als Aktivistinnen, die Wut über Gewalt und Rassismus, aber auch die Euphorie und Freude über Erfolge und gewonnene Schlachten bestärken die beiden als Paar. Ein Beispiel aus den vergangenen Jahren ist das Urteil im Falle der Aktivistin Edith Windsor. Ihr Kampf vor Gericht für die Gleichstellung von homosexuellen und heterosexuellen Partnerschaften war ein wichtiger Schritt für die Legalisierung der gleichgeschlechtlichen Ehe in den USA. Windsors legendärer Rechtsfall 2013 führte schließlich dazu, dass der Defense of Marriage Act beendet wurde, ein Gesetz, das es gleichgeschlechtlichen Paaren verwehrte

zu heiraten. »Anfangs konnte man nur in einigen wenigen Bundesstaaten heiraten«, sagt Blanche. »Durch eine Entscheidung des Obersten Gerichtshofs wurde es 2015 schließlich überall in den Vereinigten Staaten erlaubt. Dieser Sieg von Edie war so wichtig. Clare und ich haben ja bereits 2009 in Massachusetts geheiratet, weil es zu dem Zeitpunkt in New York noch nicht möglich war.«

Vierzig Jahre nachdem die beiden zusammengekommen waren, gaben sie sich das Jawort. »Dieses Jubiläum haben wir zuvor schon bei uns in Manhattan mit einem großen Fest gefeiert. Bei einem tollen Franzosen um die Ecke.« Doch kaum einer der geladenen gutgelaunten Gäste ahnte, dass die beiden sich wenig später in aller Konsequenz und auf ewig binden würden. »Auf der Sonnenterrasse eines Freundes mit Blick auf die Bucht. Es war wunderschön«, erinnert sich Clare.

Ich frage die beiden, warum ihnen der Schritt zur Ehe so wichtig war, immerhin untermauert diese Vorstellungen, die auf konservativen Werten basieren. »Das stimmt schon.« Beide nicken. »Es gab eine lesbische Kabarettistin, die sich darüber amüsiert hat, dass plötzlich alle Leute aus der Szene heirateten. Sie nannte es Mad Vow Disease, inspiriert vom Begriff Mad Cow Disease, Rinderwahnsinn. Für sie war es ein Jawort-Wahnsinn.«

Dass Clare und Blanche sich nach vierzig Jahren Beziehung dafür entschieden haben, lag vor allem an dem Rat ihrer Anwältin: »Wegen der Steuern!« Beide müssen lachen. »Vor allem aber hat sie uns dringend geraten zu heiraten wegen möglicher Notfälle, wenn etwa ein Partner plötzlich ins Krankenhaus muss und der andere nicht zu ihm darf, weil er weder der Ehepartner noch ein Familienmitglied ist. Wir hatten den Fall bei einem Freund, der gestorben ist, und sein Partner, mit dem er seit fünfundzwanzig Jahren zusammen war, durfte nicht zu ihm. Unbeschreiblich. Das hat uns eindringlich davon überzeugt, es zu tun.«

Ist den beiden, ganz unabhängig vom Eheversprechen, das Thema Treue wichtig? Beide lehnen sich zurück, und ich meine, ein erleichtertes Seufzen zu hören. »Sagen wir es so: Wir haben alle die Siebzigerjahre hinter uns gebracht, mit allen Freiheiten und offenen Beziehungen. Meiner Meinung nach kompletter Blödsinn«, sagt Clare. »Und wir haben es überlebt«, ergänzt Blanche. Selbstreflektiert und modern wie sie waren, saßen sie natürlich irgendwann auch bei einer Paartherapeutin. »Selbst sie ermutigte uns regelrecht dazu, mit allen alles auszuprobieren. Es war einfach verrückt. Dass wir in dieser Zeit überhaupt noch unsere Bücher und Theaterstücke fertig schreiben konnten, grenzt an ein Wunder!«

Das ist nun fast fünfzig Jahre her, und in diesen Jahren hat sich die Beziehung sicherlich auf vielen Ebenen verändert. Dinge wurden wichtig, die damals keine Relevanz hatten, und umgekehrt. Und wir kommen, über den Weg der wilden Siebziger, ziemlich schnell auf Sexualität zu sprechen. Ein Thema, bei dem mir einige der Paare, die ich getroffen habe, milde lächelnd verrieten, dass das im Alter nun wirklich keine Rolle mehr spiele. Clare und Blanche sehen das anders. Und erwähnen noch einmal Edith Windsor, jene Aktivistin, die das Gesetz gegen die gleichgeschlechtliche Ehe ins Wanken brachte. Windsors Rat für eine gute Beziehung sei immer gewesen: Redet miteinander und bewahrt euren Spaß am Sex. »Und es stimmt! Als Therapeutin habe ich meinen Patienten immer gesagt, dass es wichtig ist, zumindest einmal in der Woche Sex zu haben«, sagt Clare mahnend. »Sex ist eine wichtige Sache, die wir nach wie vor und mit großer Freude tun, einmal die Woche.« Zwei Kreative und mit über achtzig auch noch leidenschaftliche Liebende. Kommt es bei solch einem ausgewogenen Beziehungsklima überhaupt jemals zum Streit? »Es ist so«, holt Therapeutin Clare aus und sagt plötzlich etwas für mich äußerst Erkenntnisreiches: »Man muss lernen, nur das innerhalb der Beziehung zu teilen, was die Beziehung stärker macht. Sprich: Der Partner muss nicht alles wissen, was man den ganzen Tag so denkt. Sehe ich jemand Attraktiven, genieße ich es und schweige gefälligst! Außerdem wähle ich genau aus, über was ich mit dem anderen streiten will. Wähle deine Kämpfe und diskutiere nicht jeden Unsinn durch. Verschone deine Beziehung mit negativen, überflüssigen Details. Und zuletzt: Greif den anderen nie mit dem Du-Wort an. Du hast dies falsch gemacht! Du hast jenes falsch gemacht! Sag es weniger schuldzuweisend: Wenn du dieses und jenes machst, fühle ich mich immer so und so.«

Ich höre Clare zu und stelle mir vor, dass es großartig sein muss, mit einer Therapeutin zusammen zu sein, da die alle Stolpersteine stets elegant und vorausschauend aus dem Weg räumen kann. »Wenn sich bei Blanche und mir wirklich einmal Streit anbahnt«, schließt sie ab, »atmet jede von uns tief durch und wechselt das Zimmer!«

Diese beiden haben unendlich viel erlebt, verharren aber nie in alten Zeiten, sondern sind mit allen Sinnen im Hier und Jetzt. Durch ihre Vorlesungen und Bücher, mit denen Blanche derzeit auf Lesereise geht. Durch die bewusste Pflege ihres Liebeslebens und der Freude an Mode und knallroten Cowboystiefeln. Und doch spüren Clare und Blanche natürlich auch, dass die Dinge sich verändern. Viele Jahre waren beide derart beschäftigt mit ihren Projekten, dass sie sich regelrecht verabreden mussten, um einander zu sehen. Clare steckte zum Teil in fünf Jobs gleichzeitig, schrieb, therapierte, arbeitete mit Theatergruppen. Sie sahen sich nur an den Wochenenden. »Auch hatten wir beide neben der aktivistischen Arbeit in unseren Berufen andere Szenen, in denen wir unterwegs waren. Clare mit ihren Theaterleuten, ich mit den Akademikern.«

Die bewusste Veränderung dieser gewohnten Rhythmen kam mit 9/11. »In dieser Zeit haben wir uns Handys gekauft. Um einander Lebewohl sagen zu können, falls etwas Schlimmes passieren sollte. Auch ausschlaggebend für unseren Wunsch, jetzt mehr Zeit miteinander zu verbringen, waren die vielen Freunde, die gestorben sind. Es ist so eine grausame Welt da draußen derzeit. Da ist es schön zu wissen, dass es jemanden gibt, auf den du dich absolut verlassen kannst.«

Die beiden haben begonnen, körperlich kürzer zu treten. Früher wären sie einen Berg noch zu Fuß hochmarschiert: »Wir sind immer unheimlich viel gewandert, lange, steile Strecken.« Jetzt nehmen sie den Lift. »Auch vom Tauchen haben wir uns verabschiedet und schnorcheln lieber«, sagt Blanche lächelnd. »Ich bin so dankbar, dass wir all diese Trips unternommen haben, auch wenn sie mich davon abgehalten haben, mein Buch schneller zu beenden. Heute würden wir diese Touren nicht mehr schaffen.« »Altwerden ist, nun ja, hart. Stichwort Arthrose«, sagt Clare. Doch mit den Knien sei es ein bisschen besser geworden, und sie könne zumindest wieder zum Tai-Chi. »Und zum Pilates!«, ergänzt Blanche.

Sie beklagen sich nicht. »Des Lebens Ruf an uns wird niemals enden.« Wieder Hermann Hesse. Doch freilich ist etwas dran an der Tatsache, dass sich alles, was lebendig ist, permanent in Bewegung und Veränderung befindet. Clare schaut ihre Frau an und lächelt. »Du darfst dich natürlich verändern. Du darfst älter werden, dein Äußeres verändern. Doch du darfst nicht sterben!« Wieder dieser Moment der Stille, den Clare zügig bricht: »Wir realisieren jetzt eben immer öfter: Wir sind noch da.« Blanche erklärt: »Weil so viele unserer engsten Freunde bereits gegangen sind. Wer lange lebt und lange liebt, kämpft mit Verlusten.«

An der geschlossenen Flügeltür zum angrenzenden, mit Büchern gefüllten Raum hängen zwei Flaggen. Auf der blauen ist das Peace-Zeichen abgebildet. Die andere in Regenbogenfarben verkörpert das internationale Symbol für schwulen und lesbischen Stolz, das 1978 entworfen wurde. Für die beiden Frauen umschreiben diese beiden Flaggen die Quintessenzen, die Säulen ihrer gemeinsamen Arbeit und Liebe. Das, was sie seit Jahrzehnten antreibt, das Engagement für Frieden, Toleranz und Gleichberechtigung. Diese Aufgabe durchzieht alles, ist untrennbar mit der Liebe zueinander verbunden.

Blanche muss jetzt aber wirklich los. Sie hat ihre leichte hellgrüne Weste übergezogen, auf Brusthöhe triumphiert eine weitere Peace-Brosche. Wenn es jemand mit diesem

Symbol ernst meint, dann Blanche Wiesen Cook. Sie wurde eingeladen, eine Gastvorlesung an der Columbia University zu halten und über ihre Roosevelt-Biographie zu sprechen. Zum Schluss verraten sie mir noch, dass sie ihr großes Ausstiegsszenario bereits in Planung haben. Die beiden wollen noch ihre Bücher, Lesereisen, Opern und Lehrtätigkeiten abschließen, das dauere vielleicht noch zwei Jahre, und dann wollen sie endlich ganz und gar politisch-aktivistisch arbeiten. Nichts anderes tun als demonstrieren, Dinge bewegen, sich solidarisieren. »Das ist einfach das Allerwichtigste. Wir wollen im Grunde bis ans Ende unseres Lebens politische Aktivistinnen sein. Bei der *Women's International League for Peace and Freedom* gibt es immer noch viel zu tun. Bei ihnen haben wir uns vor fünfzig Jahren kennengelernt. Mit ihnen werden wir weiterkämpfen«, sagt Clare.

Diese extreme Hingabe bewegt mich. Was für ein Plan. Blanche wird in diesen Tagen siebenundsiebzig, Clare ist zweiundachtzig Jahre alt. Und beide verspüren nicht den Hauch einer Sehnsucht nach Verlangsamung, gar Pause. »Es gibt noch so viel zu tun«, finden beide und denken dabei nicht nur an den derzeitigen amerikanischen Präsidenten Donald Trump. »Wir wollen auch weiterhin stören, damit die Dinge sich ändern! Mit offenen Herzen und erhobener Faust!«, setzt Blanche hinterher. Wieder schnellt die geballte Hand mit den vielen Ringen in die Höhe. Neben der Reduzierung beim Wandern haben die beiden Frauen sich versprochen, zumindest auch bei ihren Aktivurlauben auf Dauer ein wenig kürzer zu treten. »Wahrscheinlich verzichten wir in Zukunft auf unsere großartigen Colorado-River-Raftingtouren«, sagt Blanche und fügt mit triumphierender Lässigkeit hinzu: »Aber hey, wir gehen immer noch surfen.«

5

Karin und Adolf Billina

EIN SELTENER GLÜCKSFALL

There'll be just you and me on our honeymoon
Oh baby, can't you see us on our honeymoon?
The Mamas and the Papas, »Honeymoon (No Dough)«

»Von allen, die noch zusammen sind, seid ihr auf jeden Fall das Traumpaar«, sagte mir neulich eine Freundin, die mich und meinen Partner schon seit Jahren kennt. Und dann folgte dieser Satz: »Obwohl ihr manchmal schon recht ruppig miteinander umgeht.« Ruppig? Wie jetzt, wir beide? Sie führte es nicht weiter aus, doch ich war innerlich auf 180, weil sie einen wunden Punkt getroffen hatte. Denn natürlich weiß ich, dass sie recht hat, dass vor allem ich mich gerne im Ton vergreife. Paare wie meine Großeltern, die auch mit über neunzig noch liebevoll miteinander sprachen, habe ich immer bewundert, aber auch ein wenig verachtet für diesen ewig säuselnden Ton, den ich nie beherrschen werde. In mir sträubt sich manchmal etwas dagegen, einfach eine liebenswerte, nette Antwort zu geben. Stattdessen stellte ich meinem Partner lustige Rätsel: »Wer hat vorhin angerufen?« »Rate mal.« Wenn ich ihn manchmal frage »Liebst du mich noch?«, nimmt er das wiederum als regelrechte Steilvorlage, um zu sagen »Nein«. Wir beide lachen los, und alles ist gut, weil er es von sich aus ohnehin oft genug sagt. Wir wirken ruppig miteinander – von mir aus, dann kontere ich eben mit der abgedroschensten Floskel aus dem Liebesrepertoire, die im Kern jedoch ziemlich zeitgemäß ist: Was sich liebt, das neckt sich. Zeitgemäß, weil es ein Necken und Ärgern auf Augenhöhe ist. Man reizt, um zurückgereizt zu werden. Der Spruch passt nicht zu Beziehungen, in denen nur der eine austeilt. Da läuft etwas Grundsätzliches schief. Die Kunst liegt im Zusammenspiel zweier Menschen, im gesicherten Austesten von Grenzen, die jenseits der eigenen liegen. Testen, wie fest die Zuneigung wirklich ist und ob man sich nach den provozierten Streitereien wieder problemlos versöhnen kann. Wenn einer beleidigt zurückbleibt, spielt man falsch. Wir können es riskieren, bewusst »lieblos« unsere gegenseitigen Terrains auszuloten, weil wir uns so gut kennen. Wir legen dieses Verhalten an den Tag, weil wir wissen, dass unsere Basis so hart ist wie Stahl und unser Vertrauen so dick wie ein Sicherheitsnetz, weshalb wir es riskieren können. Wenn wir ruppig zueinander sind, bekommt der Kern unserer Beziehung erst gar nichts davon mit. Und so ist es nur ein gut eingeübter Tanz auf der Oberfläche.

Die Billinas kultivieren diesen Tanz seit über fünfundsechzig Jahren. Ein ganz erstaunliches Paar. Denn trotz ihrer vielen Ehejahre scheinen sie auf den ersten Blick in die Phase der liebevollen Routine noch gar nicht eingetreten zu sein. Was nicht bedeutet, dass das gemeinsame Nest der beiden nie richtig warm geworden ist. Ganz im Gegenteil. Doch auf eine gewisse Art und Weise wirken die Billinas immer noch wie ein jugendliches Paar, das sich permanent stichelt, neckt und provoziert. Sie betreiben es fast wie einen Sport.

Seit rund neun Jahren wohnen sie in einem Seniorenstift, einem Hochhaus umgeben von einer Parkanlage inmitten der Wohngegend Hasenbergl. Die elegante Anlage sticht heraus, denn bekannt ist das Münchener Wohngebiet eher als Trabantensiedlung mit Plattenbauten und schmucklosen Hochhäusern. Die Billinas, die in ihrem Stift im Grunde alles für den täglichen Bedarf haben, vermissen höchstens ihr altes Zentrum. »Wir haben vierzig Jahre lang in Schwabing gewohnt, die Leopoldstraße war gleich um die Ecke. Belebter und zentraler ging es nicht. Wenn wir jetzt in die Innenstadt wollen, dauert das ewig«, sagt Karin Billina und gießt mir Wasser ein. Ihr Appartement hat ein großes, licht-durchflutetes Wohnzimmer mit hellem Teppich und einer langen Bücherwand. »Lang? Die Möbel mussten wir regel-recht kastrieren«, sagt Adolf Billina stöhnend. »Wir hatten in Schwabing sieben Meter Regale bei einer Deckenhöhe von 3,60 Metern. Durch unseren Umzug hierher mussten wir viele Dinge abstoßen, alles reduzieren auf erheblich weni-ger Quadratmeter und eine viel geringere Deckenhöhe. Ich habe unzählige meiner Fachbücher und Karten zum Wert-stoffhof gebracht, meinen schön geschwungenen Eames Chair verkauft. Er war mir zu tief, ich komm da nicht mehr so einfach raus.« Die beiden wollten diesen Schritt machen, solange sie noch fit genug dafür waren.

Adolf Billina ist ein großer Mann mit Bart und Brille, seine Frau ist für ihren Jahrgang riesig, mit hellem Pagen-schnitt, auf frühen Fotos steht sie im Grünen mit Rock und Sandalen und sieht aus wie ein skandinavisches Fotomodell. »Meine Frau hat nie realisiert, wie gut sie aussieht«, meint ihr Mann. Er ist gebürtiger Österreicher und lebte mit der Familie in der deutschen Ostzone. Als er zum Studium nach Wismar ging, lernte er Karin kennen, die dort mit ihrer Familie wohnte. Beim ersten Mal sprachen sie allerdings noch nicht miteinander, sondern waren nur beim gleichen Vortrag über Goethe. Sie saß drei Reihen vor ihm, und er traute sich kaum, sie anzusprechen. »Na ja, getraut hätte ich mich schon, doch ich trug meinen Wehrmachtsanzug, mehr schlecht als recht im Topf von meiner Mutter gefärbt. Sie saß da mit ihren kichernden Freundinnen, und ich wäre am liebsten sofort rübergegangen. Doch mein Aufzug war mir schlichtweg zu peinlich.«

Das nächste Mal sahen sie sich beim Abschlussball ihrer Schwester, 1949. »Ich habe irgendwelchen Tussis Nachhilfeunterricht gegeben, und eine lud mich zu dem Ball ein.« Als Österreicher lebt Adolf Billina seinen charakteristischen Wiener Humor und eine unbeeindruckte Lässigkeit mit Hingabe aus. Eine permanente ironisch-zynische Grundhaltung. Jedem Satz wohnt mindestens ein Scherz inne. Und wenn er aufdreht, reagiert sie mit souveräner Gelassenheit. »Eben eine typische Preußin!« Was ihn, so habe ich das Gefühl, wiederum noch mehr anstachelt, sie aus der Reserve zu locken. Und so entsteht ein faszinierendes Spiel zweier Menschen, die immerhin steil auf die Neunzig zugehen. Das Necken und Reizen, es hört also niemals auf. Zumindest nicht bei denen, die wissen, wie man es richtig anstellt.

Beim Abschlussball sprach er sie dann endlich an. Die Schüler zogen gerade in einer langen Polonaise durch den Saal, und Adolf Billina langweilte sich. Plötzlich sah er das Mädchen aus dem Vortrag, ging zu ihrem Platz und forderte sie zum Tanzen auf. »Ich habe natürlich erst einmal nix von dem verstanden, was er mit diesem Dialekt gesagt hat. Außerdem hatte ich zu der Zeit sogar noch einen anderen Freund.« Doch sie tanzten lang. Karin Billina verstand den Fremden zwar immer noch kaum, doch die offene und selbstbewusste Art, mit der er sie angesprochen hatte, gefiel ihr. »Ich habe den anderen jungen Mann dann auch recht schnell abgelegt.« Adolf Billina rannte noch am selben Abend zu seiner Mutter. Er habe ein wunderschönes Mädchen kennengelernt. »Eine Preußin? Kann sie kochen?«, fragte der Vater.

Sie konnte. Und hat es in den vergangenen neun Jahren kein einziges Mal mehr getan. »Seit wir hier im Stift wohnen, kocht entweder mein Mann, oder wir gehen runter in den Saal.« Dort kann man dem Koch direkt beim Zubereiten zuschauen, *Front Cooking* für anspruchsvolle Senioren. »Ich kann mir alles zusammenstellen«, erklärt Adolf Billina. »Und wenn ich will, dass der Koch mir auf das Schnitzel Schokoladensauce gießt, kann er denken, ich sei nicht ganz bei Trost, aber er muss es machen.«

Die Billinas wurden mir zunächst als Hippies vorgestellt. Nicht im politischen Sinne, sondern vielmehr in der Drastik, mit der sie ihren ganz eigenen Kopf haben. Die beiden probten bereits früh, wie es sich auf die Intensität der Beziehung auswirkt, wenn man gemeinsam auf Regeln pfeift. Denn ihre über 65-jährige Beziehung begann mit einer heimlichen Heirat in West-Berlin 1952. Und da zumindest Karin Billina eine DDR-Bürgerin war, bekommt die Beschreibung der Billinas als eigenwillig und ein wenig unangepasst dann doch eine politische Nuance.

Adolf Billina war angehender Ingenieur, hatte in Wismar studiert und war nun an der Technischen Universität in Berlin eingeschrieben, seine jetzige Frau wollte an der Humboldt Universität mit ihrem Studium in Englisch, Russisch und Philosophie beginnen. »Mein Vater war Chemiker und hatte einen schönen Posten im Ministerium. Wenn ich nun einen Mann geheiratet hätte, der kein DDR-Bürger war und das auch noch im Westen, hätte ihm das natürlich geschadet. Und das wollte ich auf keinen Fall.« Doch sie wollte mit dem Österreicher zusammenbleiben und tat etwas Riskantes. Die Familie war mittlerweile in den Osten Berlins umgezogen. Karin Billina meldete sich dort ab und beim Amt als wohnhaft an einer Adresse in Neustrelitz an. »Ich wollte meinen Vater in seinem Posten schützen und nicht die Aufmerksamkeit auf ihn lenken. Deshalb die neue Adresse in Neustrelitz, mit der er nichts zu tun hatte«, erklärt sie. Denn diese Adresse in Neustrelitz war nichts als ein ausgebombtes Ruinengrundstück. »Meine Mutter war mit meinen Brüdern an der Ostsee und mein Vater im Büro. Ich habe ihm noch einen schönen Kuchen hingestellt und bin dann für meine Familie ›offiziell‹ zu meiner neuen Adresse in Neustrelitz gereist. Sie wussten natürlich auch nicht, dass dort nur eine Ruine stand, sondern dachten, ich würde dort günstig in einem Haus zur Miete wohnen.« Doch in Wirklichkeit fuhr die Tochter heimlich nach Westberlin zu ihrer Trauung. Sie würde im Westen der Stadt bleiben, um dort ein neues Leben mit ihrem zukünftigen Mann zu beginnen. »Wir haben für unsere Ehe, unser Zusammensein im Rückblick so viel riskiert, dass man den anderen so nehmen musste, wie er war«, sagt Adolf Billina und schaut zu seiner Frau herüber, die auf dem hellen Sofa sitzt. »Denn wir konnten nach dieser Aktion natürlich nicht mehr zu unseren Eltern rennen und uns ausheulen. Dann wäre sofort der Spruch gekommen: ›Pardon, dafür bist du jetzt selbst verantwortlich. Wir als Eltern wurden bei dieser Entscheidung ja nicht einmal gefragt‹.«

Sie heirateten im Standesamt in Charlottenburg, die Gäste waren ein paar Freunde von der Uni. Karin Billinas Augen waren noch rot vom Weinen. Dass sie nun wirklich ohne die Familie diesen großen Schritt gewagt und so viel riskiert hatte, quälte sie. Die junge Braut trug ein Kostüm, das sie sich einmal aus einer Tischdecke der Großmutter hatte nähen lassen. »Ich hätte mir damals viel lieber etwas Flottes daraus machen lassen. Ein Kleidchen oder so etwas«, sagt sie kichernd. Nach der Trauung luden sie die Freunde von ihrem letzten Geld noch zum Essen ein, und die Restaurantrechnung bewahrte Karin Billina noch jahrelang auf. Es war ein kleines Symbol einer Ausnahmezeit, in der sich die beiden jungen Leute durch die geteilte Stadt bewegten wie durch ein Netz aus Unwahrheiten, Verboten, Grenzen. Im Grunde wollten sie nicht viel: studieren und beisammen sein. »Ich hätte ja in der DDR studiert, doch da mein Vater Akademiker war, durfte ich es nicht«, sagt Karin Billina, »denn das wurde nur Arbeiter- und Bauernkindern gestattet.«

Nun wohnten beide in einer winzigen Wohnung in Charlottenburg und verdienten ihr Geld zum Leben mit kleinen Hilfsjobs. »Wir versuchten, unsere wenigen Einnahmen in Ost-Supermärkten auszugeben, dort war alles billiger, und die Waren wieder zurück in den Westen der Stadt zu schmuggeln.« Ihr Einkommen aus den Studentenjobs, eine D-Mark pro Tag, landete in einem blauen Umschlag auf dem Tisch, aus dem sich immer jemand etwas nahm, wenn er es brauchte.

Während eines Semesters kamen Austauschstudenten für die Jugendfestspiele nach Berlin, und die Sprachstudenten der Humboldt Universität waren als Betreuer der ausländischen Gäste im Einsatz. Karin Billina wurde einem jungen Libanesen zugeteilt. »Ich war im Hotel zur Betreuung und habe ihn noch hochgebracht, da kam Adolf plötzlich ebenfalls den Gang entlang.« Aus seinen Zeiten bei der Wehrmacht hatte er immer ein Fallschirmjägermesser in der Tasche, und als er die beiden vor der Hoteltür stehen sah, zückte er im Reflex das Messer. »This is my girl!«, rief er dem erstaunten Gast entgegen. Doch der habe dann nur gelacht und ihm das Messer mit einer einzigen, schnellen Bewegung aus der Hand geschlagen. »Eine schräge Situation! Ich wollte ihm ja nichts Böses, sondern nur klarstellen, dass Karin und ich ein Paar waren. Nur damit er Bescheid wusste«, grinst Adolf Billina. »Er ist später ein guter Freund von uns geworden.«

Schon nach ein paar Semestern war zumindest für Karin Billina der Traum vom Studium schon wieder vorbei, denn der Vater finanzierte es nicht. »Ich hatte ja noch zwei Brüder, die natürlich studieren sollten.« Für die junge, ehrgeizige Frau ging eine Welt unter, und ihr Mann litt mit. »Es war ein Jammer, dass sie ihr Studium nicht fertig machen konnte.« Karin Billina liebt Sprachen, vor allem Französisch, und sie wäre sicherlich eine sehr gute Übersetzerin oder vielleicht sogar Dozentin geworden. So blieben die Sprachen immer eine Leidenschaft neben ihrer Arbeit im Verwaltungswesen, die sie bis zur Rente ausübte. Und wie es einige Frauen aus dieser Generation taten, finanzierte sie ihrem Mann mit ihrer Arbeit das Studium. Sie machte ihr Spaß, doch es war nicht das, wovon sie als junge Frau in Berlin geträumt hatte. Ihr gewagter Schritt, eine falsche Adresse im Osten anzugeben und tatsächlich im Westen zu leben, kam dann doch noch Jahre später zurück wie ein vergifteter Bumerang. Der Schwiegervater ihres jüngeren Bruders war bei der Stasi und hatte die Geschichte vom Umzug an die Adresse in Neustrelitz nie wirklich geglaubt. Er stellte Nachforschungen an, kam dahinter, dass es das Haus gar nicht gab, und meldete es. »Die Konsequenz war, dass ich vom Erbe unseres familiären Grundstückes im Osten nur noch einen winzig kleinen Teil bekommen habe.« All das für die Liebe? »Ja, das war es wert. Wir haben einiges riskiert füreinander. Diese heimliche Entscheidung hat uns extrem zusammengeschweißt.«

Es sind auch diese Erlebnisse, die sich in Bezug auf Geld bei den Billinas einprägten und sie beruhigten. »Geld ist für eine Beziehung nicht wichtig, denn wir hatten viele Jahre keines und konnten uns doch in jedem Moment der Situation anpassen.«

Nach ihrer Trauung gingen die beiden mit ihren Fahrrädern und einem Zelt auf Hochzeitsreise, Ziel war das Haus von Adolf Billinas Großvater in Wien. »Er hatte dort eine Firma, die die Klischees für Zeitschriften wie *Vogue* herstellten, diese Modezeitschrift«, wirft er im Nebensatz ein. Sie saßen in Niederbayern an der Grenze zu Österreich fest, in Passau, wo Donau, Inn und Ilz zusammenfließen. »Karin hatte ja nur ihren Ostausweis, ich hatte meinen Reisepass und den Westausweis. Also bin ich zum deutschen Zöllner gegangen, habe den Trauschein und meinen Pass vorgezeigt und erklärt, dass wir nach Wien wollen und meine Frau aus der DDR kommt. Der Zöllner sagte nur: ›Gehen Sie zum Österreicher rüber, vielleicht gibt der euch einen Tagesschein.‹ Dort angekommen schüttelte auch der zunächst nur mit dem Kopf: ›Ja, was machen wir nur mit euch?‹ Und dann sagte er plötzlich: ›Schauen Sie aus dem Fenster, was sehen Sie? Na, die Donau und davor dieses unübersichtliche Gelände. Die Leute schmuggeln hier viel, da erwischen wir nie jemanden.‹ Das war ein Wink mit dem Zaunpfahl, und so kamen wir weiter über die Grenze nach Österreich.

Wenn man sich das einmal überlegt, heute steigt man in den ICE und kommt an. Damals war das eine Reise mit so vielen Hindernissen.« Auf dem Hinweg beschränkte sich das Familienvermögen, das die beiden für ihre Flitterwochen in den Taschen hatten, auf übersichtliche zehn Pfennige. Für den Rückweg nach Berlin gab der Großvater dem jungen Paar zweihundert Schilling. »Das war ein Haufen Geld!«

Beiden Eltern schickten sie von unterwegs eine Karte, signiert mit »Dolf und Frau«. Zuvor hatte jeder noch einen Brief an Mutter und Vater geschickt. »Darin haben wir unseren Schritt zur heimlichen Hochzeit erklärt.« Doch die Briefe brauchten länger als die Postkarten, und so kamen zunächst Letztere an. »Damit haben wir unseren Eltern natürlich ungeplant einen Schreck eingejagt.«

Adolf Billina beendet die Geschichte ihrer Hochzeitsreise nicht ohne eine Stichelei: »Meine Frau hätte mich fast umgebracht. Wir hatten einen Spirituskocher dabei, und sie goss unbeschwert einfach viel zu viel von dem leicht entzündlichen Spiritus nach, wodurch es Stichflammen gab. Der ganze Wald hat gebrannt!« Natürlich hat er das nicht, klärt mich seine Frau milde lächelnd auf. Doch ich beobachte in dieser maßlosen Übertreibung ihres Mannes ein Spiel, das die beiden wohl schon sehr lange spielen. Man reizt den anderen, in der Hoffnung, ihm damit eine Reaktion zu entlocken. Karin Billinas Reaktion ist eindeutig: Sie regt sich nicht auf oder ist beleidigt. Sie lacht und entzieht der Situation damit die Möglichkeit, ernstgemeint und austeilend zu sein. Vielmehr noch habe ich im Laufe meiner Begegnung mit den beiden das Gefühl, dass der erwähnte abgedroschene Spruch »Was sich liebt, das neckt sich« für diese beiden fast Neunzigjährigen eigentlich erst erfunden worden ist. Kinder beginnen mit dem Necken auf dem

Schulhof beim Fangenspielen, bei dem man den Eindruck hat, dass Mädchen sich extra von den Jungs losreißen, nur, um sich wieder einfangen zu lassen. Doch aus dieser zarten, frühpubertären Phase sind die Billinas schon einige Jahre herausgewachsen. Im Grunde ist dieses Sticheln und Spielen, das bei den Billinias immer wieder in den Alltag eingreift, nichts anderes als Flirten. Flirten als Lebensform. Im Gegensatz zu direkten Komplimenten, die beispielsweise mein Opa permanent meiner Oma gemacht hatte, teilen die Billinas immer wieder Sprüche aus. Zwar ohne den anderen damit zu beleidigen, doch es schafft kurzzeitig, zumindest auf der Oberfläche, eine Art von Distanz und zugleich einen Moment der Intensität: Wenn du mich auch dann noch magst, wenn ich eklig zu dir bin, musst du mich ziemlich mögen.

Die Billinas können sich nach all den gemeinsamen Jahren immer noch so herzhaft gegenseitig aufziehen, weil alles in einem vertrauten Rahmen stattfindet. Dieses Necken und Ärgern verleiht der Beziehung der beiden auf faszinierende Art etwas Frisches, Unverbrauchtes. Es bewahrt die Partnerschaft davor, zu lahm, zu pomadig, zu träge zu werden. Mir fällt der sogenannte Dermaroller ein, der zunächst einmal vor allem abschreckend klingt: Eine mit Hunderten winziger Nadeln übersäte Walze rollt über die Gesichtshaut und verursacht kaum sichtbare Verletzungen, aus denen ein wenig Blut austritt. Obwohl sich die Methode leicht rabiat anhört, wird durch die kleinen Einstiche in die Haut der Organismus angeregt, Kollagen zu bilden, das begehrte Protein, das unserer Haut Spannkraft und ewige Jugendlichkeit verleiht. Es ist vielleicht ein merkwürdiger Vergleich, aber im Grunde passiert bei behutsamen Sticheleien innerhalb einer Beziehung nichts anderes, solange die Stiche eben nicht zu tief unter die Haut gehen. Wenn man den Billinas gegenübersitzt, wird schnell klar, dass die beiden die spielerische Art des anderen natürlich längst durchschaut haben. So reagiert Karin Billina im Laufe unseres Gesprächs auf manche Kommentare ihres Mannes kaum noch. Doch dann wieder bricht sie unerwartet in lautes Lachen aus.

So, wie ich die beiden erlebe, kommen sie mir wie zwei sehr gegensätzliche Charaktere vor. Zwei, die aber mit den Jahren gelernt haben, eine gemeinsame Basis, einen gemeinsamen Humor, gemeinsame Leidenschaften zu finden. Dinge anders zu machen als andere und die Reaktionen regelrecht zu genießen. Zum Beispiel die Geschichte, als Karin Billina bei einem Betriebsfest einmal die extrem trinkfesten Kollegen ihres Mannes vom Bau ausstach, indem sie sage und schreibe fünf Maß leerte. »Seitdem war sie nur noch bekannt als die Gattin vom Ingenieur, die so viel säuft. Dabei trinkt sie so gut wie nie!«

Dieses genussvolle gemeinsame Anecken kann in der Partnerschaft recht belebend sein. Ungehorsame *partners in crime*. »Man ist vielleicht sehr verschieden, doch man gleicht sich an in seinen Unterschieden, man schleift sich mit den Jahren gegenseitig ab«, meinen die beiden. Wie zwei Steine, die durch den gegenseitigen Abrieb irgendwann die Form des anderen annehmen. »Ich habe von dir dazugelernt und du von mir«, sagt er. Dieses Abschleifen ist ein schönes Bild. Denn es betont auf unverblümte, fast nüchterne Weise, dass eine Beziehung ständig in Bewegung ist, dass sie sich verändert und beide in gleichem Maße daran beteiligt sind. Im Laufe meiner Suche habe ich auch Menschen getroffen, die zwar seit über sechzig Jahren zusammen waren, doch nur der eine sich des anderen zuliebe anpasste, sich abschliff. So waren bei einem Pärchen, das ich besucht habe, die Rollen immer klar gewesen. Unverrückbar. Er hatte seinen Bäckermeister gemacht und betrieb einen erfolgreichen Laden. Sie hatte zeitlebens im Betrieb die Buchhaltung geschmissen und zog gleichzeitig noch die Kinder groß. Jetzt, jenseits der Rente, waren beide immer noch in tradierten Rollenmodellen verhaftet, in denen sie nicht glücklich waren.

Eine Vorstellung, die die Billinas gruseln muss. Viel zu gut haben sie den Prozess des sich gegenseitigen Abschleifens als elementaren Teil ihrer Beziehung angenommen. Im Guten wie im Stichelnden.

Apropos Sticheln. Wie sieht es bei diesen beiden denn mit den Kosenamen aus? Die tauschen sie natürlich aus, aber auf zum Teil recht eigenartige Weise. Sie nennt ihn klassisch Schatz, er nennt sie seine Verrückte, was man durchaus positiv als unangepasst und einfallsreich definieren kann. Und wenn er sie abends beim Fernsehen besonders bizarr reizen will, fällt manchmal das schmeichelhafte Wort Scheißer. Mit fast neunzig und nach fünfundsechzig Jahren Ehe!

Adolf Billina lebt zwar seit Jahrzehnten in Deutschland, doch man hört aus seiner Redeweise die Sehnsucht nach den österreichischen Begriffen heraus, die zugegebenermaßen so viel mehr Fleisch an die Sache bringen als die deutschen. Oder wie es die Journalistin Julia Friese einmal beschrieb: »Bundesdeutsches Hochdeutsch ist, als hätte das Militär das Österreichische so lange mit bürokratischen Stahlkartoffeln beschossen, bis nur noch das befehlshabende Wortskelett übrig blieb.«[7] Billina betont mit Passion seine Herkunft und wie sehr die sich vom »Preußischen« unterscheide: »Wir sind eine Ewigkeit verheiratet, haben aber bis heute unsere kulturellen Probleme. Ich mag die österreichische Küche, und sie ist ›a Preiß‹ und isst praktisch alles.«

Ein mildes Nicken seiner Frau. Ihr Mann definiert amüsiert weiter. So sei der Österreicher leidenschaftlich und lässig. Der Preuße, sprich seine Frau, kontrolliert, durchgeplant. »Meine Frau wusste schon bei unserer Hochzeit, dass wir heute hier sitzen und dieses Interview mit Ihnen haben würden.«

Wenn er monatelang auf dem Bau war, hatte Karin Billina manchmal schon leichte Sorge, ihr Mann würde irgendwann nur noch fluchen. Wenn er bei den Treffen mit den Kameraden seiner Studentenverbindung in Berlin war, alles hochgestochene Leute, pflegte er seinen eigenen Ton. Denn wen stört's. Das Anecken und laut sagen, was man meint, gefällt ihm. Und doch kaufte ihm seine Frau irgendwann für seine Phasen auf den Großbaustellen einen kleinen Fernseher. »Damit er nach Feierabend mitbekam, was sonst noch so in der Welt passierte.«

Die Billinas zogen nicht zuletzt wegen seiner Arbeit an Großbaustellen ziemlich oft um. So ging es nach mehreren Jahren in Passau 1972 nach München. Die Olympischen Sommerspiele waren an die bayerische Landeshauptstadt vergeben worden, und nun musste unter Hochdruck die S-Bahn-Stammstrecke angelegt werden, mit einem Tunnel unter der Innenstadt. »Ich hatte die Baustelle am Isartor«, will er gerade anfangen zu erzählen, als Karin Billina mich mit eindringlichem Ton warnt: »Fahren Sie *nicht* mit der S-Bahn unter der Isar her. Auf gar keinen Fall. An diesem Stück hat mein Mann mitgearbeitet, und da garantiere ich für nichts.« Ihr Gesicht wird ernst wie das meines früheren Lateinlehrers. Ihr Mann lächelt und nickt. »Meine Frau fährt da nicht durch, weil sie sagt ›Du bist ein österreichischer Schlamper, irgendwann bricht das alles zusammen‹.« Jetzt kichern beide.

»Ich weiß ja auch nicht, was du an mir gefunden hast«, sagt er. Ich merke, dass ein derartiges Machtgerangel nur deshalb so gut funktioniert, weil es in Balance ist. Jeder Partner ist zu gleichen Teilen in der Beziehung bestimmend und schließt sich gleichsam dem anderen an. Balance, weil beide im Wechsel die Initiative ergreifen, Vorschläge machen, klar ihre Meinung sagen und auch vertreten, Impulse geben, sich durchaus auch einmal rabiat durchsetzen. »Ich bin vielleicht öfter einmal die Klügere, die nachgibt, doch wenn es hart auf hart kommt, schlage ich immer zurück«, grinst Karin Billina und schaut ihrem Mann hinterher, der in der kleinen Küche verschwindet. »Das Kochen macht seit Jahren mein Mann.« Und das Interesse daran kam bei Adolf Billina nicht erst mit dem Ruhestand, wie das so häufig der Fall ist: Die Frauen kochen ihr Leben lang, damit etwas auf dem Tisch steht, die Männer dagegen beginnen im Alter mit dem Kochen als Hobby, als Leidenschaft, für die man sich Zeit lässt und ein Gläschen Wein auf der Arbeitsfläche stehen hat. Billina begann mit dem Kochen bereits in seinen Berufsjahren, in den Monaten und Jahren, in denen er im Außendienst auf Großbaustellen beschäftigt war. »Und irgendwann ist mir das Essen in den dortigen Kantinen und Gasthäusern zu den Ohren herausgekommen. Da wir aber einen Wohnwagen hatten, habe ich den mit auf die Baustellen genommen und fortan dort geschlafen und eben auch gekocht.« Beim lokalen Metzger kaufte er Filet und rief zu Anfang noch seine Frau an, um sie zu fragen: »Wie bereite ich das am besten zu?« Heute gibt es in der kleinen Küche ihrer Stiftswohnung Marillenknödel oder Fleischgerichte. Und wenn es nach ihm ginge, würden sie wohl alle Mahlzeiten bei sich in der Wohnung einnehmen. Aber seine Frau liebt die Gesellschaft und die kleinen Unterhaltungen unten im

Restaurant mit den anderen Stiftsbewohnern, die skurrilen Geschichten. »Wenn ein Mann hier beispielsweise Witwer wird, wird er ab dem Moment dauerbelagert von all den Witwen«, weiß Karin Billina. »So lange, bis eine von ihnen schließlich das Rennen macht.« Unten hätten sie das schöne Restaurant, aber ihr Mann wolle immer nur oben sein und selbst kochen. »Ja klar, du willst unten essen, weil du dann stundenlang quatschen kannst!«, lenkt er ein. »Ich will einmal aus dem Saal nach oben gehen, ohne dafür eine halbe Stunde auf dich warten zu müssen.« Seine Frau zuckt mit den Schultern. »Tja, mein Lieber, ich bin halt so beliebt!«

»Die meisten Liebespaare machen sich nicht klar, dass nicht die Harmoniesehnsucht, sondern die Fähigkeit zum liebevollen Streit darüber entscheidet, wie gut sich zwei Individuen mit unterschiedlichen Wertvorstellungen in einem gemeinsamen Territorium vertragen«, schreibt der bekannte Analytiker Hans Jellouschek[8]. »Streiten? Wir streiten, klar«, sagt Karin Billina, »aber immer nur kurz, oder Dolf?« Er nickt. »Bei uns dominiert auch niemand. Ich sage zwar immer im Spaß ›Ich bin der Chef‹, aber natürlich bin ich das nicht, und meistens sind wir ohnehin einer Meinung. Meiner Meinung!« Seine Frau lacht schallend auf. Wenn Adolf Billina in solchen Momenten in die Rolle des alten Patriarchen verfällt, beinahe damit kokettiert, nehmen ihre Dialoge fast satirische Züge an. Und doch gibt er zu: »In unserer Jugendzeit herrschte eben noch ein sehr anderes Weltbild. Heute ist das natürlich alles anders.« Doch bekomme man im Alter diese verinnerlichten Gewohnheiten gar nicht mehr so leicht aus seinem System heraus. Zum Beispiel, dass es natürlich klar ist, dass der Mann im Restaurant immer bezahlt und nicht plötzlich die Frau ihr Portemonnaie zückt. Ein alter Reflex, den man immer wieder kritisch reflektieren muss. »Je älter man wird, das sehen wir ja auch hier im Haus, desto schwieriger wird es, sich zu verändern, neue Kontakte zu knüpfen. Ältere Menschen sind alle so geprägt und fixiert, dass sie sich nur noch schwer anpassen. Ich kenne das ja zum Teil von mir selbst.« Als Bauleiter sei er immer behandelt worden »wie der liebe Gott«. »Als dann die Rente begann und meine Frau und ich im Alltag plötzlich viel Zeit miteinander verbracht haben, musste ich mich erst einmal daran gewöhnen, nicht mehr der liebe Gott zu sein. Aber das ging sehr schnell, und ich habe es nach wenigen Wochen verstanden«, sagt er und schaut auf den Boden. Zum ersten Mal wirkt er ernst. »Wir beide sind ein seltener Glücksfall.«

Durch die Einsätze und die Verantwortung auf Großbaustellen war Adolf Billina phasenweise nur am Wochenende, manchmal nur ein paar Tage im Monat zu Hause. Zeiten, in denen beide lernten, die eigenen Bedürfnisse zu entwickeln, aber auch spürten, wo ihre Basis war, dann nämlich, wenn sie die wenigen Tage miteinander verbrachten und genossen. In der ersten Zeit kam Karin Billina manchmal sogar noch mit, denn die Projekte dauerten meist mehrere Jahre. »Es war fürchterlich, diese Dörfer und dort zu leben«, erinnert sie sich und verdreht dezent die Augen. Was für ein Kulturschock nach Jahren in der Metropole Berlin. Doch waren die Abende allein nicht noch viel fürchterlicher als gemeinsam irgendwo in der Provinz? »Nein, gar nicht. Wenn er weg war, habe ich es mir nett gemacht«, grinst Karin Billina. »Ich war ja auch im Beruf und abends nach der Arbeit immer unterwegs, habe mir Vorträge angehört oder

Freunde getroffen.« Diese wohldosierte Distanz, Zeiten, in denen beide bewusst ihrer eigenen Wege im Alltag gehen, pflegen sie bis heute. Während Karin Billina das randvolle Veranstaltungsprogramm des Stifts wahrnimmt, zu Lesungen oder Konzerten unten im Saal geht, bleibt er lieber oben, liest oder sitzt am Computer. »Es hält frisch, wenn man nicht immer aufeinander hockt, man muss nicht immer alles zusammen machen«, unterstreicht sie. Und man muss auch nicht immer über alles Bescheid wissen, was der andere macht. Als sie in den sechziger Jahren in Frankreich unterwegs waren, plauderte Karin Billina in ihrem guten Französisch mit den jungen Männern. Ihr Mann sprach kein Französisch und verstand kein Wort. Während ihrer Zeit in Passau meldete er sich heimlich für einen Sprachkurs an, um die Leidenschaft seiner Partnerin fortan ein bisschen teilen zu können. »Manchmal fände ich es schon schön, wenn mein Mann mal mit runter gehen würde zu den Veranstaltungen. Aber man muss respektieren, dass der andere das nicht oder etwas anderes möchte. Wir würden nie versuchen, uns gegenseitig zu etwas zu zwingen, was wir nicht wollen.«

Als die beiden in den neunziger Jahren in Rente gingen und plötzlich ganz viel Zeit miteinander verbrachten, klappte das erstaunlich gut. »Im Grunde befinden wir uns ja immer noch in den Flitterwochen. Also wenn man wirklich mal die Zeit zusammenrechnet, in der wir gemeinsam an einem Ort waren.« Karin Billina prustet los. Es ist ein tolles, vollkommen natürliches Lachen, in dem sich Vergnügen und positive Irritation mischen. Ihr Mann setzt, nun in künstlich bedeutungsschwangerem Ton, noch eine Frage hinterher: »Führen wir eigentlich eine glückliche Ehe, Karin?« Wieder Lachen. Humor ist der ständige Begleiter der beiden.

Sich selbst und den anderen nicht so ernst nehmen und dabei respektvoll bleiben. Mit den ewigen Flitterwochen umschreibt Adolf Billina den Zustand der Fernbeziehung, die sie jahrelang führten. Und die, wissen Paartherapeuten, hat längst nicht nur Nachteile. Zweisamkeit behält durch die physische Trennung nicht nur etwas Frisches, da man den oft zermürbenden Alltag nicht mehr teilt. Auch seien die Kommunikation und der gegenseitige Austausch oft tiefgehender, die entfernten Partner fühlten sich oft enger miteinander verbunden als in Nahbeziehungen.

Und was fingen die Billinas mit ihrer gemeinsamen freien Zeit an? Da es mit dem Kinderwunsch nicht geklappt hatte, mussten sie sich weder um den Nachwuchs noch irgendwann um dessen Nachwuchs kümmern. Also reisten sie, seit der Rente sogar fast monatlich. In den vergangenen sechs Jahrzehnten waren sie in Ägypten, Sri Lanka oder fuhren mit dem Motorrad der österreichischen Firma Puch durch Frankreich und bis nach Monaco. »Ohne Helm!«, sagt Karin Billina schelmisch. Und immer wieder ging es in die Berge zum Skifahren. »Das hätten wir uns in der Intensität mit Kindern natürlich gar nicht leisten können.« So taten sie etwas, das man als Paar ohne Familienanhang ungeniert tun sollte: die Zeit und das Geld gemeinsam genießen. Bis 2003 besaßen sie ein Haus in den Bergen, eine ursprüngliche Jagdhütte, von der sie nur eine Wand stehen ließen und den Rest neu bauten, mit Hilfe von Kollegen von den Baustellen. Als sie es schließlich samt dem 2000 qm großen Grundstück verkauften, blutete beiden das Herz. »Doch heute leben wir hier von den Einnahmen und machen es uns davon schön. Meine Frau hat mehr darunter gelitten als ich«, erinnert er sich. »Ach so? Habe ich das? Ist mir gar nicht so bewusst gewesen«, kontert sie trocken.

Manchmal scherzen sie, dass die Erbschleicher schon mit Paragleitern ums Haus fliegen. Um ein Haus voller wohlhabender Rentner. »Ein Geheimnis unserer Ehe war vielleicht immer auch, dass wir beide nichts besaßen. Indem keiner dem anderen durch familiäres Geld überlegen war, gab es von Anfang an keine unausgeglichene Machtbalance. Keiner war absolut abhängig vom anderen, sondern man baute sich alles gemeinsam auf.«

Mit ihrer relativen Flexibilität blieben die beiden vor allem in den Jahren zwischen ihren Dreißigern und Vierzigern oftmals allein. »Wir haben viele unserer Freunde mit Kindern verloren wegen unserer zunehmend unterschiedlichen Lebensplanungen. Wenn wir sagten: Ah! Schönes Wetter, lass uns alle Ski fahren auf der Zugspitze, waren die Paare mit Nachwuchs plötzlich nicht mehr so flexibel, und man hatte auch zunehmend andere Interessen«, erinnert sich Adolf Billina und schaut seine Frau an. Sie nickt. »Natürlich hat mir das damals etwas ausgemacht, dass wir keine Kinder haben konnten. Doch wenn man sich einmal damit abgefunden und damit abgeschlossen hat, kann man sogar irgendwann auch die vielen Vorteile sehen, die die Kinderlosigkeit mit sich bringt. Trauern bis man alt ist, bringt doch nichts.«

Ich habe das Gefühl, dass die Balance zwischen Zusammensein und Eigenständigkeit bei den beiden in den folgenden Jahren ihrer Beziehung so gut funktionierte, weil es die tradierten Bilder vom Mann als freiheitsliebendem Wolf und der Frau als häuslichem, sozialem Wesen in der Form nie wirklich gab. Karin Billina begann zu studieren und arbeitete bis zur Rente. Wer weiß, wie es sich mit Kindern entwickelt hätte, ob sie als Mutter dann am Ende zu Hause geblieben wäre. Allerdings kann man sich das bei ihrem Wissensdurst und ihrer Neugierde nur schwer vorstellen.

Ich finde es beruhigend, ja, unglaublich, dass dieses ständige spielerische Austesten des Terrains des anderen auch im hohen Alter nicht aufhört. Wichtig ist, dass beide Seiten mitmachen und sich darin üben, nicht so weit zu gehen, den anderen dabei zu verletzen oder zu demütigen. Dann ist dieses Spiel eine gute Sache. Und bestärkt mich darin, dass die Ruppigkeit, die meinem Mann und mir nachgesagt wird, unserer Beziehung guttut. Schlechtes Streiten kreiert vor allem Unsicherheit. Richtiges Necken aber sagt: Wir müssen nicht immer harmonisch sein, um zusammenzugehören. Die Billinas beherrschen dieses Spiel perfekt. Auch wenn es nach außen hin aussieht, als gebe der Lautere, Adolf Billina, immer den Ton an. »Meine Frau redet viel mehr als ich! Und beim Bestimmen ist es eh immer im Wechsel.«

Die beiden fühlen sich fest miteinander verbunden, gestatten und nehmen sich aber auch seit Jahren ihren individuellen Freiraum. Jeder hat seine eigene Welt mit eigenen Interessen, Aktivitäten und Beziehungen. Jeder kann für sich selbst sorgen, kümmert sich aber gleichzeitig auch um den anderen. Kürzlich waren sie in einer Boutique, um für Karin einzukaufen. Etwas, das Adolf in etwa so brennend interessiert wie mich ein Buch über Verfahrenstechnik. »Ich hab' nichts anzuziehen, Dolf!«, imitiert er seine Frau mit gekünstelt hoher Stimme. Doch plötzlich stand er im Laden mit einem schönen Damenmantel vor ihr. »Der steht dir bestimmt.« »Das macht er nie, und es hat mich total überrascht. Positiv!« Sie erinnert sich an eine Geschichte aus ihren frühen Ehejahren in Berlin. »Als er mit dem Rauchen aufhörte, hatten wir einen Extraumschlag und taten dort immer Geld rein für die Zigaretten, die er nicht gekauft hat. Irgendwann konnte er sich einen schönen Anzug davon kaufen. Der stand ihm so gut.«

»Ich würde ihn ja glatt noch einmal für dich anziehen, aber mit meiner Wampe passe ich da heute eher nicht mehr rein.«

Vertrauen, Verständnis und Humor – unter dem ganzen Gescherze und den Sticheleien verbirgt sich bei den Billinas Achtsamkeit und Liebe. »Was soll man mit neunundachtzig noch verliebt sein? Was uns heute verbindet, ist ein ganz tiefes Gefühl«, sagt sie. Und er: »Wo man früher gedacht und gesagt hätte ›Ah geh, stell dich doch nicht so an‹, wird man heute hellhöriger und merkt sofort, wenn es dem anderen nicht gut geht. Man beachtet die Bedürfnisse des Partners einfach mehr.«

Neben dem gewohnten, gemeinsamen Lachen gibt es zunehmend auch die nüchternen Momente. Karin Billina hat einen schwereren Bandscheibenschaden und permanent Schmerzen beim Laufen, weshalb ihr Mann ihr viele Dinge verbietet. Sie reden inzwischen viel über Prioritäten im Leben, das Testament, die Begräbniskosten. Was ist, wenn einer stirbt. »Ich hoffe, dass ich früher gehe … Diese ganze Organisation, die auf einen zukommt, wenn man als Letzter übrig bleibt … Ich glaube, das schaffe ich nicht mehr«, sagt sie unvermittelt.

»Das kannst du nicht wissen, wer von uns beiden zuerst geht, Karin«, sagt ihr Mann in alarmiertem Ton. »Das kannst du nicht wissen.« Und obwohl diese ernsten Themen ihren Alltag und die Gespräche inzwischen ebenso bestimmen wie Angela Merkel oder der Menüplan für die kommende Woche, schafft und evoziert der so wichtige Humor zwischen den beiden etwas, das nicht alt wird. »Sag ich doch«, sagt Adolf Billina und lächelt: »Immer noch in den Flitterwochen!«

6

Rissa und Karl Otto Götz

DER MALER UND
SEINE MALERIN

For one is both and both are one in love:
Rich love knows nought of »thine that is not mine;«
Both have the strength and both the length thereof,
Both of us, of the love which makes us one.
Christina Rossetti, »I loved you first:
but afterwards your love«

Das Künstlerpaar Rissa und K.O. Götz besuche ich im Frühjahr 2017 in ihrem Haus mitten im Westerwald. Eine intensive Begegnung. Ein vierstündiges Gespräch, gedankliche
Exkurse und Diskussionen bei Kaffee und Eierlikörkuchen.
Einer der bedeutenden Maler der Nachkriegsmoderne und
Meister des Informel, der schönsten Spielart freier ungegenständlicher Kunst, sitzt neben mir. 103 Jahre alt ist er
geworden. Ein unglaubliches Alter. Doch das ist kaum ein
Trost für Rissa, die mit ihrem Mann über fünfzig Jahre lang
eine extrem innige und tiefe Beziehung verbunden hat. Im
August 2017 ist er gestorben. Einige Wochen nach seinem
Tod erzählt Rissa mir von einem Zeitungsinterview mit der

Physikerin und Schriftstellerin Aslı Erdoğan, die monatelang in Haft war und ihren Zustand beschrieb als:»Ich bin weder ich selbst, noch bin ich eine andere.« Genau wie diese tapfere Frau fühle sie sich momentan auch, sagt Rissa in ihrer Zeit der tiefen Trauer. Und die Tatsache, dass ich eines der letzten längeren Gespräche mit diesen beiden gemeinsam als Paar geführt habe, bewegt mich sehr.

Dabei geht bei mir an dem Tag im April, als ich das Paar im südlichen Teil des Westerwalds besuche, zunächst alles schief. Mein Tank ist fast leer, ich habe so gut wie keinen Handyempfang, und auf meinem Navi zeichnen sich nur noch abstrakte Linien ohne Beschriftung ab. So irre ich orientierungslos und per Fernlenkung durch meinen Partner, dem ich die Straßen in den Hörer brülle, durch Teile dieses dreitausend Quadratkilometer großen, dicht bewaldeten Areals, lande scheinbar an der Zieladresse und muss feststellen, dass ich mich im falschen Ort befinde, werde nervöser, kurve eine Ewigkeit durch sich windende Straßen und Waldgebiete. Dazu fahre ich noch zu schnell, weil ich natürlich pünktlich sein will. Meine Nerven liegen blank wie die des verlorenen Jockeys in dem Gemälde des belgischen Surrealisten René Magritte: Der Reiter ist vom Kurs abgekommen und galoppiert nun mit seinem Pferd durch einen kahlen Winterwald. So in etwa fühle ich mich, als ich zwei Stunden verspätet und völlig nassgeschwitzt vor dem Haus des Künstlerpaars aus dem Auto steige. Meine Anspannung fällt beinahe geisterhaft und wie auf Knopfdruck von mir ab, als ich das weiße Steinhaus mit dem warmen dunkelbraunen Dach betrete und Rissa lachend im Türrahmen steht. »Na, wo bist du denn geblieben, komm erst einmal herein.« Wir haben uns noch nie zuvor gesehen, doch das spielt ab diesem Moment keine Rolle mehr. Meine Nerven entspannen sich.

Niederbreitbach-Wolfenacker, der Ort, in dem die beiden seit 1975 leben und arbeiten, liegt keine anderthalb Stunden süd-östlich von Köln entfernt. Die Vorstellung, dass das Kunstzentrum Köln mit seinen zeitgenössischen Museen, Galerien und Sammlungen im Grunde um die Ecke ist, kommt einem hier, mitten im grünen Nirgendwo, eher wie eine Sage vor, die man sich ab und zu erzählt. Betritt man wiederum das große Haus, ist man binnen Sekunden mitten und knietief drin in der deutschen Kunstwelt: heller Teppichboden und meterlange weiße Wände, auf denen die enorm großen Arbeiten des Künstlers ihren Platz beanspruchen. Überall hängen außerdem Arbeiten von Kollegen und natürlich auch Werke von Rissa, wobei das Ungegenständliche der meist schwarz-weiß gemalten Bilder von Götz und das Figurative und Vielfarbige der Bilder von Rissa einen interessanten Dialog eingehen. Mitten im großen Wohnraum sitzt K.O.Götz in einem Sessel, das Markenzeichen, eine feine schwarze Wollmütze, verdeckt seine Augenbrauen. Er ist munter und erzählt von seinen Pariser Jahren. »Ich bin einmal in den Fünfzigern mit Frau Kandinsky in Paris zu einer Ausstellungseröffnung gegangen. Ihr Mann Wassily war bereits 1944 verstorben, er war ja weit über zwanzig Jahre älter als sie. Die Witwe war sehr elegant gekleidet, raffiniert geschminkt und hatte weiße gehäkelte Handschuhe an, damit man nicht sah, wie alt ihre Hände wirklich waren. Und so gingen wir Arm in Arm zu der Schau, und zwischen den Leuten sagte sie mir plötzlich leise ins Ohr, damit es niemand hören konnte: ›Also, die Franzosen, die werden die abstrakte Kunst nie kapieren.‹ Was sie damit meinte, war die gegenstandslose Kunst. Und da ist etwas Wahres dran. Denn wenn du die ganzen französischen Künstler der klassischen Moderne nimmst und deren Bilder betrachtest, ist immer irgendwo etwas kleines Gegenständliches zu erkennen. Immer!« Diese Episode erzählte mir der 103-Jährige plötzlich mit einem Elan und Tempo, als sei er erst gestern frisch aus Paris zurückgekehrt. Seine Frau Karin Götz, die Rissa als ihren Künstlernamen trägt, damit es keine Verwechslungen mit den ähnlichen Initialen ihres Mannes gibt, hätte die Anekdoten aus seiner künstlerischen Vergangenheit in gleicher Detailliertheit erzählen können. Und das tut sie an diesem Nachmittag auch in Momenten, in denen ihr Mann manchmal kurz geistesabwesend ist. Mehr noch hat mich verblüfft, dass in ihrem Gesicht beim Zuhören der Geschichten nicht die Spur von Ennui zu erkennen ist. Auch wenn die 79-Jährige die ein oder andere Episode ganz sicher schon zum hundertsten Mal gehört hat.

Rissa, eine große Frau mit Brille und braun gefärbtem Pagenschnitt, trägt an diesem Tag eine kurze schwarze Lederjacke mit kleinen Applikationen zu dunkler Hose. Als Künstlerin und Partnerin kennt und versteht sie das Werk von K. O. Götz wahrscheinlich besser als jeder andere Betrachter. Intellektuell, kulturhistorisch wie auch emotional. Immerhin sieht sie den Produktionsverlauf von der ersten Farbspur auf der Leinwand bis zur Hängung an der Wand seit weit über fünfzig Jahren. In der Küche raschelt und arbeitet eine freundliche Frau, die seit zehn Wochen vierundzwanzig Stunden am Tag mit dem Paar unter einem Dach lebt. Sie kommt aus der Ukraine, kümmert sich liebevoll um den Künstler, stellt ein Stück Bienenstich vor Götz auf den Tisch und gibt ihm die Gabel in die Hand. Seine Sehkraft hatte sich seit 2011 stets verschlechtert und führte schließlich zur Erblindung. Wenn Götz redet, sind seine Augen immer leicht geschlossen. Bis vor drei Jahren malte der 1914 in Aachen geborene Künstler mit Unterstützung seiner Frau sogar noch auf Papier vor sich auf einem Tisch, mal Schwarz-Weiß, mal farbig. Einige seiner großformatigen gestischen Schwarz-Weiß-Schemata auf Leinwand, mit denen er so berühmt wurde, befinden sich heute in Museen und internationalen Sammlungen, auch hängen sie in Lobbys großer Unternehmen und scheinen diesen überheblich wirkenden Machtzentren allein schon wegen ihrer eigenen Formatgröße und Drastik des Farbauftrags laut und furchtlos ins Gesicht zu lachen. Seinem Interesse an der Entwicklung einer nichtfigurativen Bildsprache konnte Götz erst nach Kriegsende richtig folgen. Von 1936 bis 1938 war er zur Ausbildung in Gütersloh als Jägerleitoffizier der Luftwaffe, 1939 wurde er als Soldat eingezogen. Das Hitlerregime und der Zweite Weltkrieg hatten ihm, von 1936 bis 1945, neun lange Jahre seines schöpferischen Lebens gestohlen.

Noch als junger Mann – er verehrte die Kunst von Kandinsky, Gris, Klee und Baumeister – bekam er mit der Machtergreifung der Nationalsozialisten nach seiner ersten Ausstellung in Aachen direkt von der Reichskulturkammer Mal- und Ausstellungsverbot. Seine Experimente mit Farbe und Form missfielen den Kulturbonzen der Nationalsozialisten über alle Maßen. Ab 1932 studierte Götz an der Kunstgewerbeschule in Aachen, und später besuchte er auf Kriegsurlaub Abendkurse an der Dresdner Kunstakademie. Während des Krieges arbeitete er diskret im Geheimen und auf kleinen Formaten, will mit der künstlerischen Arbeit der bornierten und grausamen Enge des Krieges entfliehen. Nach 1945 konnte er endlich beginnen, frei zu experimentieren. Götz startete erste Luftpumpenexperimente, bei denen er mit einer Luftpumpe Wasserfarbe auf kleine Papierformate jagte. Diese Ergebnisse mit den Wasserfarblachen sind Vorstufen von seiner informellen Malerei ab 1952. Diese Malmethode macht ihn schließlich berühmt: eine Mischtechnik von Farbe auf Kleister, die er mit breiten Pinseln und einem Rakel blitzschnell über die grundierte Fläche der Leinwand zieht. Viele Kompositionen entstanden so in Sekundenschnelle. Er selbst beschreibt es als schreiben mit flüssiger Farbe. Nachträgliche Veränderungen oder Retuschen erlaubt er sich nicht, da sie der Spontaneität und auch Einmaligkeit des Vorgangs widersprächen. An manchen Tagen produzierte Götz mit dieser Technik bei kleineren Formaten bis zu zwölf oder fünfzehn Bilder, von denen er durchaus auch alle wieder vernichtet hätte, wenn sie künstlerisch nicht stark genug gewesen wären. Das schnelle, impulsive Arbeiten am Boden brachte ihm jenen berühmten Vergleich ein, bei dem seine Frau Rissa bis heute lachen muss: *the german Jackson Pollock*. Es gibt mehrere Schwarz-Weiß-Fotos, auf denen Götz an einem Bild arbeitet. Er steht breitbeinig in kurzen Hosen, den Rakel zügig über die große Leinwand ziehend, als fege er das Herbstlaub vor seinem Haus. Eine Riesensauerei mit Resultaten, die zu Ikonen des deutschen Informel wurden. Ähnliche Fotoaufnahmen gibt es von Jackson Pollock, der sich seiner Leinwand ebenfalls auf dem Boden näherte, in bester Action-Painting-Manier, mit einer Büchse voller Lackfarbe, mit der er das Farbschleudern, Spritzen und Tröpfeln in der Malerei etablierte.

Als Rissa die Bilder von Götz Anfang der sechziger Jahre zum ersten Mal sah, versuchte sie diese für sich einzuordnen. »Das war weder expressionistisch, konstruktivistisch noch war es gegenständlich-realistisch oder sozialistischer Realismus. Ich habe mit ihm noch nie über meine Vorstellungen damals über sein Informel gesprochen, das hört er heute zum ersten Mal. Ich habe mich in jener Zeit wirklich gefragt, ob man so etwas in der Kunst überhaupt machen darf? Einfach nur so malen.«

Ihr Mann sitzt am Tisch und reagiert nicht, woraufhin sie fortfährt: »Der Expressionist zum Beispiel malte noch so pflatsch, pflatsch, pflatsch, sprich: so langsam mit kurzem Pinselduktus und mit einer Komposition vor seinen Augen. Und ziemlich schnell habe ich realisiert, dass dieses ›nur so malen‹ so viel mehr für die Kunstentwicklung bedeutete. Es war eine Art Befreiungsschlag für die Malerei. Indem Götz sich von all dem langsamen Formkompositionieren der verschiedenen abstrahierend gemalten Bilder aus der Vergangenheit seit 1906 befreit hatte, konnte er einfach nicht mehr ein Bild à la Matisse oder Ludwig Kirchner malen«, beschreibt Rissa und fährt fort: »Ich habe dann natürlich auch Kataloge von Jackson Pollock und Marcel Duchamp durchgeblättert, denn Götz war der einzige Maler damals an der Akademie, der ein Marcel-Duchamp-Buch besaß. Das hat sich dann Nam June Paik, der berühmte Konzept- und Videokünstler, bei ihm ausgeliehen und seine Kunst natürlich auch teilweise davon abgeleitet.«

Rissa bittet die Pflegekraft, noch eine Runde Kaffee zu kochen. Hinter ihr an der Wand hängt eines ihrer Bilder, eine Komposition aus zwei großen Irisblüten und einem weiblichen gelben Frauenprofil, das vom oberen Bildrand auf die beiden Blüten in der Mitte gerichtet ist. Auch sie blickt in ihrer Karriere als Malerin und Professorin an der Düsseldorfer Kunstakademie auf bedeutende Ausstellungen zurück. Als junge Studentin begann sie, beeinflusst durch die Arbeiten des Informel, besonders von K.O.Götz, mit einigen Experimenten im Stile der informellen Malerei. Doch sie wollte vor allem ihren eigenen Stil finden, nicht die Methode ihres Partners nachahmen. »Ich hatte einige informelle Arbeiten gemacht und die waren auch alle recht interessant, doch ich habe mich schnell dagegen entschieden.« Dann sah sie in kurzen Abständen hintereinander zwei Ausstellungen. Eine Pop-Art-Schau in Amsterdam und eine Jugendstil-Ausstellung in Brüssel. »Und auf irgendeine Art und Weise haben diese beiden Stile mich derart und zeitgleich beeinflusst, dass ich gemerkt habe, ich möchte gegenständlich malen, aber weder nur realistisch noch nur surrealistisch und auch nicht im Fahrwasser des klassischen Symbolismus oder der plakativen Malerei wie der Pop-Art. Meine Malerei sollte europäisch subtil sein. Außerdem ist das Ergebnis meiner künstlerischen Konzeption semantisch eine Motiv- und Themenwahl geworden, die nicht abhängig von alten Kunstgeschichten ist.«

Rissa benutzt eine Formensprache mit einer ganz eigenen Handschrift. Sie hat eine Maltechnik entwickelt, bei der Figuren wie Gesichter, Körper, Tiere, Blumen oder Gegenstände mit naturalistischen Umrissformen gestaltet sind, ihre Binnenstrukturen jedoch aus antinaturalistischen Flächenformen bestehen. So sind sie hin- und hergerissen zwischen konkreter Form und Abstraktion. Ihre Bilder sind erheblich kleiner als die ihres Mannes, da die Herstellung, das bruchstückhafte Zusammensetzen der Formelemente länger als die oftmals sekundenschnelle Methode von K.O. Götz dauert. Folglich hat Rissa eine viel kleinere Anzahl von Bildern produziert als ihr Mann.

Die Begegnung der beiden begann mit einem Aufstand. Einem kleinen zwar, doch mit beachtlichem Erfolg. Die einundzwanzigjährige Rissa, damals noch Karin Martin, hatte Anfang 1960 an der Kunstakademie Düsseldorf das Probesemester nicht bestanden. Das bedeutete in jener Zeit, sofort die Akademie verlassen zu müssen. Die junge Frau war so entsetzt, dass sie im Flur zu weinen anfing und rief: »Ich will hier nicht weg!« Denn wenn sie jetzt mit der Mappe in der Hand diesen heiligen Bau verlassen würde, dann wäre es sehr fraglich, ob sie jemals wieder an dieser Kunstakademie hätte studieren können. Entsetzlich! Doch ihr lautes Aufbäumen war ihr großes Glück. Denn ein Kommilitone, der das Probesemester bestanden hatte, kam zufällig vorbei und fand Rissa in Rage wohl sehr komisch und hatte Mitleid mit ihr. Er sagte: »Pass mal auf, ich werde jetzt hier unten den langen Flur entlanggehen, denn da sind die Privatateliers der Professoren. Wenn einer von denen da ist, zeige ich ihm deine Mappe und frage, ob er dich in seiner Klasse aufnehmen will.« Was für ein Hoffnungsschimmer. Nach einer Weile kam er zurück. »Du hast wirklich großes Glück, ganz hinten im Flur ist das Atelier des neuen Professors Karl Otto Götz, der, frisch aus Paris und Frankfurt gekommen, hierher berufen wurde. Du kannst ihm nächsten Samstag um 11 Uhr in seinem Atelier deine Arbeiten zeigen.« Als sie am Samstag an der Tür des Professors klopfte, die große Mappe voller neuer Zeichnungen unter dem Arm, öffnete dieser, und beide sahen sich für einen Moment direkt in die Augen. »Es hatte sofort zwischen uns beiden gefunkt«, sagt Rissa. Götz schaute angeregt und aufmerksam ihre Mappe durch, fischte hier und da eine Zeichnung heraus. »Diese Pinselzeichnungen sind gut, aber diese starren Konstruktionsblätter weniger.« Dann kam der erlösende Satz: »In Ordnung, ich werde beim Direktor anrufen und ihn bitten, dass ich Sie in meine Klasse aufnehmen darf.«

Rissas größter Wunsch war wahr geworden. Sie würde in Düsseldorf Kunst studieren.

Rund sechzig Jahre später denkt sie an diese Heulszene erheblich gelassener zurück: »Ich habe mich in diesem Moment wirklich aufgeführt wie eine Fünfjährige. Ich war eben immer eigenwillig.«

Sieben Jahre vor diesem Ereignis, 1953, hatte sie aus politischen Gründen mit ihren Eltern die DDR verlassen. Im Rückblick beschreibt sie sich als neunmalkluge, freiheitsliebende Fünfzehnjährige. Der Vater war ein 1914 nach Deutschland eingewanderter Holländer, die Mutter, eine Kunsterzieherin, kam aus Schlesien und hatte als eine der wenigen Frauen in den zwanziger Jahren das Glück, unter anderen bei dem bedeutenden expressionistischen Maler Otto Mueller in Breslau studieren zu können. »Der nahm eigentlich gar keine Frauen in seine Klasse auf. Das waren noch Zeiten, in denen mehr Männer die Akademien bevölkerten als Frauen. Heute ist es oftmals umgekehrt. Dank meiner Mutter bin ich jedoch schon in einem künstlerischen Milieu aufgewachsen.«

Rissa lebte seit 1953 mit ihren Eltern in Westdeutschland. Die Mutter hatte eine Kunsterzieherstelle an einem Mädchengymnasium in Essen gefunden. Weil Rissa in Düsseldorf Kunst studieren wollte, beschaffte sie ihr Bücher zu den Themen Kubismus, Expressionismus, Jugendstil. »Und so habe ich dann zu Hause immer viel künstlerisch gearbeitet. Während sich die anderen Mädchen in meiner Schulklasse eher um ihre Garderobe und um Jungs gekümmert haben, vertiefte ich mich in die Kunst, ich schaute mir Bilder an und malte selber.«

Außerdem interessierte sie sich für Politik. »Die politische Situation damals zwischen Ost und West interessierte mich einfach. Ich kam aus einem autoritären Staat, der DDR, und war in Westdeutschland in dem Adenauer-Staat gelandet. Die Leistung dieses ersten Bundeskanzlers war, was ich heute weiß, diesen halben deutschen Staat gegen den Kommunismus in die Westbindung zu führen und Westdeutschland nach dem Zweiten Weltkrieg wieder international salonfähig zu machen. Dass Adenauer kultur- und gesellschaftspolitisch sehr konservativ war, hat mich nicht tangiert, da ich meinen intellektuellen und künstlerischen Interessen damals ohne Gemäkel von irgendeiner Seite habe nachgehen können. Ich habe viel von Denkerinnen wie Hannah Arendt gelernt. Möglichst viele Bürger und Bürgerinnen sollten politisch denken, sonst geht auch ein funktionierender Staat einmal kaputt. In dieser Zeit habe ich mich allerdings vorwiegend mit Malen und Lesen und Lesen und Malen beschäftigt.«

In ihrem Lehrer K.O.Götz später auch noch den richtigen Partner gefunden zu haben, war einer der glücklichsten Umstände ihres Lebens, sagt Rissa heute.

Ihr Mann nickt. »Wir haben uns sofort in die Augen geblickt. Sie war meine begabteste Schülerin. Das war Liebe auf den ersten Blick. Wirklich. Das war wunderschön und kommt selten vor.«

Der Altersunterschied zwischen den beiden beträgt beinahe fünfundzwanzig Jahre. Eine Konstellation, von der die Kunst freilich unzählige Geschichten erzählen kann. Der Lehrer und seine Schülerin. Und doch war Rissa nie wirklich »die Schülerin«. Kein Mädchen, das eine Vaterfigur sucht, ein Genie, das man anhimmeln kann. Schon physisch ist sie keine kleine, zerbrechliche Muse, die hinter ihrem kreativen Künstlerstar verschwindet, sondern ein großer, athletischer Typ.

Die Malerin ist ein starker Charakter, mit viel Empathie, die sich hinter beeindruckender Reserviertheit verbergen kann.

»Er war natürlich die große Autorität, doch durch meine Ernsthaftigkeit war ich eigentlich von Anfang an auch eine Autorität für ihn. Dieser große Altersunterschied war zwischen uns nie wirklich ein Problem. Gespräche wie ›Ich muss als junge Künstlerin auch weiterkommen, du darfst mich nicht kleinhalten‹, gab es bei uns nie. Er hat zum Beispiel viel zur Informationstheorie und Wahrnehmungspsychologie gelesen. Hat seine wissenschaftlichen Texte, die er dazu verfasst hat, mir zum Lesen gegeben, mich gefragt, ob sie verständlich geschrieben seien. Er hat mich von Anfang an ernst genommen. Und ich habe ihn ernst genommen.«

Die Malereistudentin arbeitet in den ersten Monaten wie verrückt. Produziert Unmengen an Zeichnungen, hauptsächlich Köpfe, Körper, Hände, Pflanzen und Tiere. Da Götz als neuer Lehrer sehr beliebt und die Klasse voll von SchülerInnen ist, malt und zeichnet Rissa vor allem im Atelier ihres Lehrers und arbeitet offiziell als seine Assistentin. Dadurch kommen sie sich näher. Sie ist Anfang zwanzig, er Mitte vierzig. Doch die ersten fünf Jahre bleiben sie absolut diskret, erzählen es niemandem. »Der ein oder andere hat vielleicht geahnt, dass da etwas ist zwischen uns, weil ich ja immer in dem Atelier war. Aber jeder wusste auch, dass ich für ihn Rasterbilder gezeichnet und wissenschaftliche Untersuchungen gemacht habe. Dabei ging es um Fragebögen der Persönlichkeits- sowie der Wahrnehmungspsychologie.« Rissa war eine stille Studentin, die ohnehin nicht die Nähe der anderen Studierenden gesucht hat. »Dass es also nie so ein Thema an der Schule war, mag auch an meiner Ausstrahlung gelegen haben. Ich muss eine recht undurchsichtige Aura gehabt haben, sodass die Leute mir, mit meinem etwas strengen

Wesen, so etwas gar nicht zugetraut haben. Die trauten mir immer alles Mögliche zu, aber nicht solche Unregelmäßigkeiten, die im Grunde nicht erlaubt waren. Ich galt immer als die Strenge, die alles rechtschaffen macht, aber dass ich dann so eine umfassende Liebe zu einem Professor entwickelt habe … Auch meinen Eltern habe ich es in den ersten Jahre nicht so richtig gesagt.« Die beiden gingen nie gemeinsam aus oder hielten öffentlich Händchen. Rissa wohnte in einem Studentenwohnheim und lebte die Beziehung zu ihrem heimlichen, viel älteren Freund nur im Atelier aus.

Dieser Raum wurde zum Fluchtpunkt, zu einer Art geschütztem Zentrum der beiden, wo alles parallel stattfand, Malen, Diskutieren, Liebe. »Einmal habe ich Jahre später meinem Vater die Akademie gezeigt«, erinnert sich Götz. Und als wir dann in mein Atelier kamen und er die Couch sah, kam er gleich auf komische Gedanken. Doch ich sagte ihm: ›Da liegst du völlig falsch.‹ Es war eine ernsthafte Beziehung, und ich habe Rissa ja auch geheiratet!«

Irgendwann war Götz zu einer Party des Direktors der Akademie eingeladen und kam in Begleitung von Rissa. »Das ist meine Frau, Sie kennen sie bestimmt aus der Klasse«, entgegnete Götz auf das erstaunte Gesicht seines Vorgesetzten. »Und der sagte nur: ›Götz, da haben Sie uns aber wirklich an der Nase herumgeführt.‹«

Rissa war zwar jung, doch sie war in dieser ganzen Zeit nicht kopflos. »Bis die Beziehung quasi mit der Hochzeit öffentlich wurde, konnten wir das gut trennen. In dieser Zeit bin ich auch nie in die Wohnung gegangen, in der er zunächst noch mit seiner ersten Frau gewohnt hat. Er war ja zu Anfang noch verheiratet. Und ich wollte keine Ehe zerstören, der Gedanke behagte mir überhaupt nicht. Obwohl ich natürlich schwer verliebt war«, erinnert sie sich.

»Doch ich habe dir immer gesagt, dass ich mich bald von ihr trennen würde«, sagt K.O. Götz unerwartet, und es entflammt ein kurzer emotionaler Dialog zwischen den beiden, der berührend ist, da es um eine Situation und eine Entscheidung geht, die über fünfzig gemeinsame Beziehungsjahre her ist.

»Du hast mir damals gesagt, dass du so gut wie getrennt bist, richtig. Aber du kannst ja auch geschwindelt haben, um mich zu halten.«

»Ja, aber ich habe mich doch dann scheiden lassen«, sagt ihr Mann leise.

»Otto«, sagt Rissa mit weicher Stimme und nennt ihn zum ersten Mal während unserer Begegnung bei seinem zweiten Vornamen, »ich mache dir doch auch gar keinen Vorwurf.«

Fünf Jahre waren es, in denen die beiden mehr oder weniger inoffiziell ihre Beziehung lebten und sich ihre extreme Zuneigung immer nur hinter verschlossenen Türen des Ateliers zeigen konnten. 1965 heirateten die beiden. Doch im Vergleich zu anderen Paaren, die an den Tag der Eheschließung als einen der schönsten Momente ihres Lebens zurückdenken, verlieren Rissa und K.O. Götz über ihr Jawort während unseres Gesprächs ebenso wenige Worte wie über das Thema Kinder. »Also ich habe deshalb keine Kinder, weil das Problem bei mir nie aufgekommen ist«, sagt Rissa mit glaubhaftem Pragmatismus. »Wir haben geheiratet, und zu dem Zeitpunkt hatte Götz bereits Nachwuchs aus der vorigen Ehe. Und das Gespräch über das Thema Kinder haben wir auch nach unserer Heirat nie wirklich geführt, verrückt, oder? Ich habe auch später nie Dinge gesagt wie: Weißt du, eigentlich will und wollte ich ein Kind mit dir.«

Wirklich nie? »Nein, nie. Das schwöre ich!«, sagt sie energisch. »Das ganze Thema Kinder ist nie aufgekommen. Wir haben einfach immer so viel gearbeitet und gemacht und getan. Außerdem«, fügt sie lachend hinzu, »hatte ich als Professorin immer so viel junge Leute in der Klasse um mich herum, dass ich das mit den eigenen Kindern nicht vermisst habe. Die Babyaufzucht und das Ganze …«

Ich muss grinsen, weil ich tatsächlich nur wenige Frauen dieser Generation getroffen habe, die bei diesem Thema so offen sind. Selbst wenn sie so denken, legen sie es nicht mit derartiger Deutlichkeit auf den Tisch.

»Ich wundere mich ja auch. Vielleicht liegt es bei mir auch an den Genen, dass ich das nie als so drängend empfand. Und ich muss sagen, dass ich auch jetzt beim Stichwort Enkel nicht insgeheim hinterherjammere à la ›ach hätt' ich doch!‹« Und ich glaube es ihr. Kleinkinder, die schreiend auf dem hellen Teppich des Hauses herumrennen und eine der fragilen Designlampen umstoßen, kann ich mir nur schwer vorstellen.

Rissas Eltern standen der Beziehung ihrer Tochter zu dem viel älteren Partner eher distanziert gegenüber, doch sie verurteilten sie nicht. Nur einmal gab der Vater in einem Gespräch mit ihr zu, dass er sehr gerne Enkelkinder gehabt hätte und in dem Moment hätte er sich für seine Tochter vielleicht doch einen jüngeren Mann gewünscht, der das Thema Kinderplanung noch nicht abgeschlossen hatte.

»Das war für die beiden, vor allem aber für meinen Vater, dann doch eine Enttäuschung. Aber wir haben nie wieder darüber gesprochen.«

Was ich bei Rissa heute spüre, ist, dass sie regelmäßigen Austausch mit jungen und jüngeren Menschen braucht. Das, was sie in ihren Jahren als Dozentin und Professorin von

1969 bis 2007 an der Kunstakademie permanent hatte. Frisches Denken, neue Impulse und Diskurse, die sie nun auch mit ihrem Mann, der gesundheitlich abbaut, nicht mehr in der Intensität führen kann wie früher. »Besuche wie der von dir, solche Lebenssignale von jungen Persönlichkeiten sind wie ein Lebenselixier für mich«, schreibt sie mir ein paar Tage später.

Ich frage Rissa, ob das Thema Eifersucht bei ihnen als Paar je eine Rolle gespielt habe. Immerhin wurden die Professoren an den Kunstakademien damals noch behandelt wie Genies und Götter. Götz erzählt mir eine Anekdote von einem Professor für Bildhauerei, der sich immer die allerschönsten Modelle mit den ausladensten Becken ausgesucht habe. »Über Treue haben wir gar nicht reden müssen, weil sich das Thema der Untreue nicht wirklich gestellt hat«, erklärt Rissa.

»Auch bin ich überhaupt nicht der eifersüchtige Typ.«

Sie stockt kurz und hakt dann noch einmal nach: »Meinst du, eifersüchtig in Bezug auf die Kunst oder eifersüchtig auf fremden Sex?«

Was für eine spitzfindige Frage! Dass sie allein eine Differenzierung innerhalb dieser Frage vornimmt, beeindruckt mich. Rissa erklärt, dass es sie eher irritiert, wenn ein Künstler oder eine Künstlerin eine Leichtigkeit hat, die ihr vielleicht bei gewissen Dingen fehlt. Aber das Gefühl von Eifersucht, zum Beispiel, wenn andere Studentinnen Götz anhimmelten, empfand sie nie. »Gut, wenn sich da vielleicht etwas Tiefes mit einer anderen Frau angebahnt und ich das mitgekriegt hätte, dann wäre diese Art von Gefühl wie Eifersucht eventuell doch noch in mir hochgekommen, aber das hat sich nie ergeben. Ach, weißt du, wir waren doch beide so sehr in einander verliebt.«

Ihr Mann nickt. »Ja, ich war sehr verliebt in Rissa. Die anderen Frauen, die da herumliefen, die haben mich doch gar nicht interessiert.«

Sie verraten mir, dass eine Stärke, ein Pfeiler der Beziehung immer der intellektuelle Austausch auf Augenhöhe gewesen ist. Das Geistige, wie Götz es nennt: »Wir haben uns in geistigen Dingen immer gut verstanden. In den körperlichen selbstverständlich auch. Aber bei den geistigen waren wir immer, oder zumindest meistens, der gleichen Meinung.«

Seine Frau nickt: »Das ist auch für uns gerade jetzt im Alter wichtig. Wenn Äußerliches nicht mehr so schön wie früher und unsere Haut nicht mehr so straff und prall ist, da ist das Wichtigste, dass man sich emotional und geistig versteht. Das würde ich auch jedem jungen Paar, das heiraten will, sagen: Ihr müsst das hinkriegen, dass ihr weltanschaulich auf einer Wellenlänge seid. Oder, wenn gegensätzliche Charaktere zusammenfinden, aus diesen Gegensätzen eine positive Energie schaffen. Denn beim Sex kann es einmal schlecht laufen, man kann eine Flaute haben. Aber wenn man merkt, da ist Substanz, die einen geistig und emotional vereint, dann ist das genau die Basis, die einen so lange zusammenschweißt. Mehr als alles andere.«

Im Grunde sei es doch ganz einfach, sagt Rissa. »Die Liebe ist am Anfang ein reißender Sturzbach, und später stellt sie sich dar wie das Meer. Groß und ruhig. Im Idealfall.«

Das Wasser, und vor allem das Meer, war immer ihr Element. Die beiden besaßen eine Zeit lang ein Häuschen in Norwegen an einem See. Doch ihr wurde nach fünfunddreißig Jahren diese Form der Landschaft zu eintönig. Sie sagte: Jetzt habe ich aber genug, und da hat Götz dann auch zugestimmt, sodass sie in ihren letzten Norwegenurlauben ans Meer gefahren sind. Das schlichte Ferienhaus in Norwegen hat nicht zuletzt mit dem Aufenthalt von Götz als Soldat während des Zweiten Weltkriegs zu tun. Er fand dort, obwohl er eigentlich als Feind 1941 in dieses Land einmarschieren musste, sehr schnell Norweger, die enge Freunde wurden. Einer davon bürgte sogar für Götz, als er 1956 sein kleines Ferienhaus in Mittelnorwegen erwarb. Als Jägerleitoffizier war er während des Krieges in Selje auf Stadlandet in Norwegen stationiert, einer kargen Landschaft am Westkap hoch über dem Meer. Die Baracken für seine Kompanie mussten mit Stahlseilen am Boden befestig werden, so stark und eisig fegten Wind und Wetter über dieses Seegebiet hinweg. Über seine Erfahrungen während des Krieges sagt Götz: »Mir ist nie etwas Ernsthaftes passiert. Ich habe so was von Glück gehabt!« Er zieht das »ü« von Glück in die Länge.

»Weil du auch in den richtigen Momenten klug gehandelt hast«, erklärt seine Frau, und er erzählt die Geschichte, wie er an einem Kampftag erkannt habe, dass sich englische Jagdflieger näherten, obwohl diese hoch am Himmel für das große Radargerät, Deckname »Wassermann«, zu weit entfernt gewesen waren. »Eines Tages empfing ich auf dem Gerät Spuren eines weit entfernten Anflugs einer englischen Jagdstaffel auf unsere Stellung, für die die Messfähigkeit des Radars nicht ausgelegt war. Diese Nachricht glaubte mir zunächst natürlich niemand. Das sei technisch unmöglich, wurde gesagt.« Doch die Beobachtung stimmte. Denn durch die Erdkrümmung konnten die Jagdflugzeuge durchaus früher als gewöhnlich auf dem Radargerät erkannt werden. Götz erhielt für seine Beobachtung schließlich eine Belobigung und wurde nach Oslo versetzt. Dort machte ihm ein deutscher Offizier ein Angebot: Kommen Sie doch zu uns nach Paris, dort ist es wie im Paradies. »Ich habe in

Oslo so viele SS-Bonzen gesehen. Wenn man denen die Hand gab, hatte man das Gefühl, in Scheiße zu greifen«, sagt Götz und ist mit einem Mal unheimlich lebhaft. »Natürlich wollte ich den Wechsel nicht. Die Vorstellung, in dieser Stadt schön Champagner zu trinken, während meine Kumpels am Nordkap kauerten, mit dem Tode konfrontiert und dem eisigen Wetter trotzend. Wo es außer der kargen Natur nichts gab als Sturm, Sturm, Sturm, Kampffliegen und eventuell den Tod. Das ging einfach nicht«, erinnert er sich.

»Und so bist du dann in diese Einöde zu deinen Kumpels zurückgekehrt«, schließt Rissa die Geschichte ab. Sie schaut ihren Mann lange und ruhig an, der nach dem regen Erzählen dieser Episode ein wenig müde in seinem schwarzen Sessel hockt. Auf dem Glastisch stehen eine Flasche Selters und Desinfektionsmittel.

Plötzlich sagt Rissa: »Götz und ich, das war die Wahl, das war die richtige Wahl. Ich habe ihn immer sehr geliebt, das tue ich bis heute. Natürlich hat dieses Gefühl mit den Jahren auch eine Wandlung erfahren, aber das ist bis heute noch so. Das ist fast schon wie eine Krankheit, glaube ich, dieses starke Lieben … ich weiß es nicht.«

Obwohl beide eigentlich ständig im Hause zusammen waren, die Akademie über Jahrzehnte der Arbeitsplatz und Lebensmittelpunkt beider war, ließen sie sich gegenseitig absolute Freiheit im Lebensvollzug. Die Auflage: Den anderen zu nichts drängen, sowohl gedanklich als auch in der Gestaltung des Alltags. »Götz sagte manchmal zu mir, gerade am Anfang, dass ich immer Antworten von ihm haben wolle, die er mir aber nicht geben könne. Ich solle sie mir selbst suchen. Das war zunächst irritierend, hat mich aber auf Dauer unheimlich befreit, mich motiviert, selbst meinen Weg zu finden.«

Das Zusammenleben in den ersten Jahren war geprägt von arbeiten, malen, produzieren und zwischendurch essen, lieben, spazieren gehen und schlafen. »Aber ohne Regeln und nur für das Frühstück feste Zeiten. Götz hat nie gekocht, und ich koche auch nicht so gern, aber damit wir zumindest etwas Selbstgekochtes auf dem Teller hatten, habe ich diese Tätigkeit dann übernommen. Doch alles war flexibel.«

Wenn Rissa in das Malen eines Bildes vertieft war, hat Götz sie völlig in Ruhe gelassen. Und umgekehrt genauso. Wenn deswegen das Abendessen erst um kurz vor Mitternacht auf dem Tisch stand, war das für beide absolut in Ordnung. Auch das stundenlange Austauschen über ihre Arbeiten war kein Ritual bei den beiden. »Ich mag den Spruch: Über Kunst redet man nicht, die macht man«, sagt sie lächelnd.

Über die vielen Jahre an der Akademie könnten die beiden dagegen Bände erzählen. Über Götz berühmte Schüler wie Sigmar Polke und Gerhard Richter auch so manches. Auch berief er eine ganze Reihe jener Professoren, die dann den Ruhm der Akademie begründet haben. »Hysterie« um die legendäre Akademie kreierte der lauteste von ihnen, Joseph Beuys, ab 1961. Dazu sagt Götz: »Vor seiner Berufung kam sein früherer Lehrer, Ewald Mataré, zu mir und sagte: ›Hör mal, ihr wollt den Beuys berufen? Seid ihr verrückt?‹ Erst war ich recht empört, dass ein ehemaliger Lehrer so schlecht über einen ehemaligen Schüler redet. Aber im Grunde genommen haben wir festgestellt, dass er recht hatte. Er war nicht von dieser Welt.« Und plötzlich lacht Götz dermaßen laut auf, dass er seine Frau gleich mit ansteckt. Ein befreiendes, herzliches Lachen. Doch Götz und der neue Professor Beuys verstehen sich gut, so gut, dass Beuys ihm sogar zwei frühe Papierarbeiten und 1965 den kleinen kompakten Katalog *24 Stunden* widmete, der zum gleichnamigen Happening in der Wuppertaler Galerie Parnass gedruckt worden war. Die beiden Künstler gehen respektvoll miteinander um, selbst in der Zeit, in der, wie Rissa es beschreibt, »Beuys so aufdrehte, um aus der Akademie eine anthroposophische Anstalt zu machen«. Es waren jene intensiven politischen Jahre der Sechziger, die durch Deutschland gingen wie ein Donnerschlag. An allen Ecken und Enden brodelte es. »Einmal zog Beuys mich zur Seite und holte aus seiner Jackentasche eine Schachtel Zündhölzer heraus«, erzählt Götz. »Die war noch gefüllt, und er zog die Schachtel nur so weit auf, dass man die roten Köpfchen sah, und sagte: ›Guck mal, sieht das nicht schön aus?‹ Ich sagte: ›Wunderbar, ja.‹ Das war tiefer Ernst bei ihm, und in solchen Momenten sah man bei ihm den Künstler. Jemanden, der in solch lapidaren Dingen das Künstlerische sehen kann.«

Die alten Anekdoten, die Skandale und der Aufruhr rund um die Akademie in dieser Zeit haben das Paar sehr eng zusammengeschweißt. Sie befanden sich in der Mitte und beobachteten alles, ohne zu werten. »Beuys war auf jeden Fall ein Mensch, der sehr manische Züge hatte und sich eingebildet hat, er könnte die Welt retten«, sagt Rissa und wird ernst. »Und Leute, die sich einbilden, die Welt zu retten, bringen auf Dauer tendenziell vor allem eins: Probleme.«

Die meiste Zeit unseres Gesprächs redet Rissa. Ihr Mann klinkt sich immer wieder aus, er scheint vor sich hin zu dösen. Dann ist er wieder und wie aus heiterem Himmel mit einem Kommentar und einer famosen Anekdote Teil der Konversation. Rissa wiederum macht ab und zu mitten in der Unterhaltung eine Pause, um ihn zu fragen, ob

alles in Ordnung sei. In ihren Worten schwingt Sorge mit.
»Tut dir was weh, Otto? Du siehst so fremd aus. Geht's dir gut?«

»Mir geht's gut.«

Ich zeige es natürlich nicht, doch bin ich zeitweise den Tränen nahe. Bei der Vorstellung, dass mein Partner und ich zunächst einmal das große Glück haben, mit über achtzig noch zusammen zu sein, aber dann kommt der Moment, in dem einer von uns stark sein muss, weil er wacher ist und bewusster mitbekommt, dass der andere schwächer wird. Rissa macht das mit unglaublicher Stärke, Wärme und Souveränität. An einem Punkt, wir reden gerade über die Zeit, als sie 1969 im Westerwald einen langen Ackerstreifen kauften, um dort ihr Haus zu bauen, versinken beide plötzlich in einen liebevollen, kleinen Dialog, in dem ich für einen Moment keine Rolle mehr spiele. »Mein gutes Schätzchen, mein gutes, gutes Schätzchen«, sagt Rissa liebevoll und hält die Hände ihres Mannes.

»Du hast ja ganz kalte Finger«, stellt er fest.

»Vielleicht, weil ich aufgeregt bin, unser ganzes gemeinsames Leben Revue passieren zu lassen. Wann macht man so etwas schon einmal?«

Es muss für beide, aber vor allem für sie, eine unfassbar angespannte Zeit sein. Wenn Rissa jetzt über ihren Mann redet, liegt eine Menge Tapferkeit und Realismus, aber auch Traurigkeit und Angst im Klang ihrer Stimme. Der Altersunterschied hatte so viele Jahre überhaupt keine Rolle zwischen den beiden gespielt. Ein charakterstarkes, kreatives und intellektuelles Paar mit Gedanken und Wünschen auf Augenhöhe. Doch seit es ihrem Mann nicht mehr gut geht, eben weil er sehr viel älter ist als sie, merkt man ihn doch. Rissa wird erst achtzig, ihr Mann ist über hundert Jahre alt.

Doch auch diesem Fakt begegnet sie nicht mit reiner Emotionalität, sondern mit beeindruckender, fast entwaffnender Selbstreflexion. »Er ist etwas schwächer, aber noch will er leben. Ich bin natürlich traurig, dass ich den langsamen Abbau von ihm nicht aufhalten kann.«

K.O. Götz geht es zum Zeitpunkt meines Besuches noch relativ gut, doch er ist müde und atmet schwer. Beide haben ihr eigenes Atelier im Haus, das von Götz ist ein wenig größer wegen seiner Bildformate. Rissa hat in ihrem seit Monaten nicht mehr gemalt. Sie hat überhaupt nicht mehr gemalt. Etwas, das früher für sie undenkbar gewesen wäre. »Ich habe Lust, wieder zu arbeiten, aber das kostet Kraft. Und die brauche ich momentan nur für Götz, denn ich pflege ihn und muss und möchte derzeit einfach immer bei ihm sein.«

Ihr Studio ist mittlerweile in ein Gästezimmer umfunktioniert worden: Dort, wo die Leinwände in Regalen lehnen, steht nun ein Bett für die Pflegehilfe. Oberste Priorität hat jetzt ihr Mann. Gerade in den letzten Monaten etablierte Rissa für sich ein kleines Ritual vor dem Schlafengehen. »Ich halte ihn wahrscheinlich dadurch auf ganz tiefe, unbewusste Art auch am Leben, weil ich ihn jeden Abend frage: ›Du verlässt mich heute Nacht doch nicht?‹ Dann warte ich immer auf den Satz von ihm ›Nein, ich verlasse dich nicht‹. Und wenn er das nur ganz leise sagt, dann frage ich noch einmal nach, um zu hören, ob die Antwort bewusst kommt oder eher schematisch. Der Tonfall ist wichtig. Es mag komisch klingen, aber mir ist dieser Satz immer unheimlich wichtig.«

Es ist ein Ritual, das sie für sich braucht. Ein Ritual, das an den Kern der Beziehung geht: Man möchte sich nicht voneinander trennen. Man will nicht, dass der andere geht.

Oder, wie Rissa es selbst sagt, man fühlt sich wie gelähmt, da man den langsamen Abschied des geliebten Partners nicht in der Hand hat.

Auch dieser Besuch, bei diesem besonderen Paar mitten im Westerwald, ist unheimlich bewegend. Weil die Gefühle am Ende des Tages nackt daliegen, und alle Spielereien, unnötige Streite oder Provokationen, in die ich meinen Partner noch viel zu häufig verstricke, plötzlich wie ein misslungener Kindergeburtstag wirken. Ganz unreif eben. An Paaren wie diesen beeindrucken mich die intellektuelle und geistige Seelenverwandtschaft und die tiefen Gefühle. Es ist eine ganz umfassende, zärtliche und nicht verkopfte Liebe, die ich vor mir sehe und erlebe, obwohl es bei den beiden bis heute um Thesen, Diskurse und gesellschaftliche Streitfragen geht.

Rissas abendliche Beschwörungen am Bett von Götz haben irgendwann nicht mehr gewirkt. Am 19. August 2017 ist ihr Mann schnell und ohne Schmerzen gestorben.

Seit dem Tod ihres geliebten Partners muss Rissa allein weiterleben. Es gibt viel zu organisieren, und sie muss vor allem mit dem Schock fertig werden, dass der Mann, der über fünfzig sehr schöne, befreiende Jahre eng an ihrer Seite war, nie mehr wiederkommen wird. Wie geht man mit dieser unfassbaren Leere um? Wie mit den kraftspendenden Grußkarten aus aller Welt, die Rissa beinahe den Atem nehmen, so viele sind es. Die Künstlerin wird weitermachen. Das Werk ihres Mannes betreuen. Und irgendwann wird sie die Kraft haben, wieder zu sich selbst zu finden. Denn sie sagt es selbst: »Ich bin eigen, mich trösten keine Worte.«

Ich glaube, so wird es kommen: Sie wird wieder beginnen zu malen, und ihr Atelier wird wieder ein Atelier sein. Die erste Anfrage für eine Retrospektive ihrer Arbeit gibt es schon.

7

Merline und Richard Angiama

DENKEN, DISKUTIEREN, GLAUBEN

Me. We
Muhammad Ali

Eigentlich stimmten die Eckdaten nicht hundertprozentig, doch Merline Angiama legte die Entscheidung in Gottes Hand. Der Mann, den sie heiraten würde, kam nicht wie sie aus Jamaika, sondern aus Nigeria. Sie wagte den Schritt dennoch, denn er wirkte verantwortungsvoll und ehrlich. Mit dem Herzen am rechten Fleck. »Ein afrikanischer Mann. Meine jamaikanische Familie war ein wenig schockiert.«

Das erste Mal begegneten sich die beiden 1968 in London. »An der Paddington Station. Ich wette, er erinnert sich nicht mehr«, sagt Merline und schaut aus der Küche ins Esszimmer hinüber, wo ihr Mann Richard grinsend am Tisch sitzt. »Natürlich weiß ich das noch«, antwortet der 76-Jährige. »Wir saßen beide in dem Expresszug, der nach Slough fährt.«

Diese schnelle Verbindung von rund einer Stunde kam vor allem Merline gerade recht, denn so hielt der Zug nicht in jedem dritten Kaff, denn sie durfte auf keinen Fall zu spät zu ihrem Termin kommen. »Ich hatte ein Vorstellungsgespräch für einen Krankenschwesternkurs, den ich belegen musste, um mich auf die Arbeit mit Säuglingen zu spezialisieren.« Im Zug steuerte die damals 26-Jährige auf einen freien Platz zu, vorbei an einem Mann, der Zeitung las. Es war der 27-jährige Richard. Natürlich konnte er sich nicht länger auf seine Zeitung konzentrieren, nachdem er die junge Frau entdeckt hatte. »Er hielt sie so vors Gesicht, dass er mich für die ganze Dauer der Fahrt anschauen konnte.«

In Slough angekommen, stiegen beide aus und Merline ging auf Richard zu und fragte ihn nach dem kürzesten Weg zum Krankenhaus. »Da ich es wusste, gingen wir ein Stück gemeinsam und unterhielten uns«, erinnert er sich. »Ich studierte damals vor Ort Marketing.« Als sie in der Nähe des Krankenhauses angekommen waren, verabschiedeten sie sich. »Nach ein Paar Schritten bemerkte ich aber, dass er sich plötzlich umgedreht hatte und mir hinterherlief.« Und so kassierte er von Merline erst einmal einen Korb, als er sie zum Essen einladen wollte. »Nein danke, ich kenne Sie doch gar nicht, und außerdem muss ich jetzt los, denn ich habe einen Termin.« Doch sie trafen sich wieder, denn natürlich fand sie ihn durchaus interessant, so groß und mit einem jungenhaften Lächeln.

Merline wollte eigentlich nichts überstürzen. Wie viele Jahre sollte es denn noch dauern, ehe die beiden schließlich heirateten? »Jahre?«, ruft sie laut lachend aus der Küche. »Es waren nur Monate! Mein Kurs in Slough begann im Februar 1968, und geheiratet haben wir im Juni. Es ging dann doch ganz schnell.« Wie gesagt, Gottes Hand war mit im Spiel.

Ich sitze mit Richard am Esstisch, auf dem eine bedruckte Tischdecke voller Nelson-Mandela-Gesichter liegt. Merline serviert das Mittagessen, es gibt Callaloo, ein dunkelgrünes karibisches Eintopfgericht mit spinatähnlichem Blattgemüse, dazu Fleisch und Salat mit englischer heller Salatsauce. »Mein Mann mag jamaikanisches und nigerianisches Essen, also bekommt er bei mir beides.« In Merlines Küche wird essbare Diversität gefeiert, ohne daraus eine Show zu machen. Es passiert einfach, dass nigerianische, jamaikanische und britische Einflüsse gemeinsam auf dem Teller landen. Gedeckt ist nur für ihren Mann und mich, und ich denke gleich an die gewohnte Bescheidenheit vieler Mütter aus dieser Generation, die erst einmal alle anderen umsorgen, die Kinder, Ehemänner und Gäste, bevor sie an sich selbst denken. Zum Eintopf reicht Merline schließlich noch Maispüree nigerianischer Art, nicht ohne hinzuzufügen, dass sie es in Jamaika natürlich ganz anders machen. »Wir schälen den Mais, wir kochen ihn, doch wir zerstampfen ihn am Ende nicht.« Um die ganzen Zutaten für ihre Gerichte zu kaufen, gibt es keinen besseren Ort als London, dessen unzählige Läden und Märkte man sich wie einen einzigen, großen globalen Kühlschrank vorstellen muss. Von Yamswurzeln über portugiesischen Galão bis hin zu deutschem Brot bekommt man hier alles.

»Natürlich sind wir verschiedene Charaktere, er ist Nigerianer, ich bin Jamaikanerin, das sagt doch im Grunde alles.« Die Herkunft der beiden und das gemeinsame Suchen und Finden des eigenen Platzes in der neuen Heimat hat die Beziehung der beiden stark geprägt. »Es hat uns zusammengeschweißt, dass wir beide nicht britisch waren, sondern Fremde«, erklärt Richard. Beide verließen ihre Heimat in Richtung Großbritannien zu Beginn der sechziger Jahre. Das Königreich war der dritte Raum, in dem sie sich als junge Menschen trafen und kennenlernten. Durchaus mit großen Hoffnungen und Erwartungen an ein Land, das sowohl mit Jamaika als auch Nigeria eine dunkle koloniale Vergangenheit verbindet. Im Oktober 1960 erlangte Nigeria die Unabhängigkeit von Großbritannien, Jamaika zwei Jahre später. Und auch wenn sich das Paar nach all den Jahren durchaus britisch fühlt, sind beide tief in ihrer Herkunft verwurzelt und fechten bis heute mit spielerischer Leidenschaft Diskussionen über ihre beiden Kulturen aus. Ihr Nigerianer. Ihr Jamaikaner. Dabei ist der Respekt für die Herkunft des anderen absolut spürbar. »Ich wollte als junge Frau immer missionarisch in Afrika helfen und als Hebamme dort arbeiten. Das war mein Traum. Wirklich dort hingeschafft habe ich es aber nie. In Jamaika waren wir schon öfter gemeinsam.« Während die 75-Jährige redet, schnell und pointiert, jongliert sie mit Leichtigkeit vier Dinge gleichzeitig auf dem Gasherd. Ein Multitalent, um einiges kleiner als ihr Mann und die ehemals dunklen, nach hinten gebundenen Haare von vielen weißen und grauen Strähnen durchzogen. Die jüngste Tochter, Jahrgang 1978, umschrieb ihre Mutter treffend mit zwei Schlagworten: »Food and fast talking.«

Ihr Mann redet langsam und scheint jedes Wort zunächst einmal durchzudenken, bevor er es in den Raum stellt. Und wenn er lacht, liegt in seiner Stimme der amüsierte Klang eines Jungen. Groß und schlank, im grauen Anzug, mit Krawatte und silberner Brille hat er zugleich die Aura eines Staatsmannes a.D., nur die hellen Frotteepuschen an seinen Füßen, wie man sie in Hotelzimmern vorfindet, brechen das imposante Bild ein wenig.

Ich wünsche ihm einen guten Appetit und will gerade anfangen zu essen, als Richard mich mit seiner sanften Stimme unterbricht. Ob er vor dem Essen ein Gebet sprechen könne? Ich geniere mich, da ich nicht daran gedacht habe, obwohl ich weiß, dass die Angiamas sehr gläubige Menschen sind. An diesem langen Tisch hat die sechsköpfige Familie viele Jahre gemeinsam gesessen und diskutiert. Einer der Söhne kommt wenig später zum Essen vorbei und vertieft sich direkt mit dem Vater in ein Gespräch über den Brexit und Trump, und man spürt, was für eine respektvolle Diskussionskultur die Angiamas etabliert haben. Das ewige Debattieren ist so etwas wie ein Sport in der Familie, vor allem zwischen den Eheleuten. Man ist zwar nicht immer einer Meinung, doch man hört einander zu und lässt den anderen ausreden. Erst wenn Merline die Thesen ihres Mannes zu Politik und Gesellschaft wieder einmal zu gewagt werden, lenkt sie ein: »Komm schon, Richard, wo hast du das denn nun schon wieder gelesen?«

Ihr Mann neigt zum Dozieren, mit klaren Meinungen, die aber nicht unbedingt immer auch ihre sind. Und so pflegen die beiden untereinander seit Jahrzehnten ihre ganz eigene liebevolle Streitkultur. Ein wenig wie zankende Vögel, die kurz und heftig alles mit ihren Flügeln aufwirbeln, um wenig später schon wieder friedlich auf dem See nebeneinanderher zu schwimmen, als sei nichts gewesen. Eine kurze Entladung von Energie, und schon herrscht wieder Frieden im Haus. Keiner schluckt hier im Frust etwas hinunter. »Er hält gerne Reden, und ich auch! Er respektiert meine Kultur und meine Art, und ich seine.«

Ihr Mann liest viel und sammelt viel, vor allem Bücher. Nach dem Essen führt er mich in sein Reich am Ende des Flures im Erdgeschoss. Das Studierzimmer eines Intellektuellen, eine Wunderkammer, über das Merline sich allerdings schon lange nicht mehr wundert, sondern dezent den

Kopf schüttelt. Unter den vielen Büchern, diverse zu Obama, Martin Luther King und Mathematik, scheinen sich die übervollen Regalbretter regelrecht zu biegen.

»Ich habe zu Anfang noch nachts gearbeitet als Krankenschwester, von acht bis acht Uhr«, erinnert sich die 75-Jährige. Das erste Kind, eine Tochter, kam drei Jahre, nachdem sie geheiratet hatten. »Einer von uns beiden musste ja das Geld nach Hause bringen, denn mein Mann war noch mit seinem Diplom beschäftigt.«

Im Wohnzimmer nebenan ist kaum noch freier Platz an den Wänden: gerahmte Fotos der vier Kinder in allen Altersstufen und Lebenslagen, ihre Universitätszeugnisse, auf dem Sideboard stehen Sporttrophäen. Auf dem Sofa treffen Kissen in verspielter Laura-Ashley-Blumenmusterung auf gleichgroße Modelle mit ostafrikanischen Stammesmotiven.

Das Haus der Angiamas liegt keine vier Gehminuten entfernt von der Bahnstation. Eine unaufgeregte Wohnsiedlung mit zweigeschossigen, typisch viktorianischen Häusern, die sich nahtlos aneinanderreihen, wie eine gut gealterte Zahnreihe. Kommt man hier vormittags mit dem Zug an, wirkt dieser Stadtteil im Süden Londons wie ein verschlafenes Dörfchen. Der Kioskbesitzer döst vor sich hin, die Bahnangestellten reden über Fußballergebnisse. Als ich an derselben Station am frühen Abend wieder hoch zu den Gleisen Richtung Innenstadt gehe, strömen mir aus dem Zug Massen von Menschen, junge Pendler in dunklen Anzügen und Kostümen, mit Kopfhörern im Ohr und Rucksäcken entgegen, alle im Gleichtakt, wie in einer Performance zum Thema Turbokapitalismus. Sie arbeiten in der City, die müde Sehnsucht nach Feierabend im Blick, können sich aber die Miete für eine Wohnung nur in den Randbezirken leisten.

Von diesem Pendleralltag ist im Haus der Angiamas nichts zu spüren. Richard lässt sich mit dem Verzehr seines Mittagessens bis in den späten Nachmittag hinein genussvoll Zeit. Immer mal wieder nimmt er einen kleinen Bissen. Die vier Kinder sind erwachsen und längst aus dem Haus. Auch Enkel gibt es schon. Das Haus des Paares liegt an einer Ecke, wo die sanft ansteigende, kurvige Straße auf eine Querstraße trifft. Manchmal erinnern sie sich an jenen Nachmittag vor einigen Jahren, als der jüngste Sohn nach Hause lief und ihn die Polizei aufhielt. Wo er denn hinwolle. Nach Hause. Na, wo das denn wohl sei? Hier in dem Haus an der Ecke. Worauf die Polizisten tatsächlich mitgingen und dem jungen Mann erst glaubten, als er klingelte und seine Mutter die Tür öffnete. Diese Form von Alltagsrassismus kennen die Angiamas gut, und ich habe das Gefühl, jeder von ihnen geht ein wenig anders damit um. Findet Richard seinen Weg durch Lesen und Reflektieren, so findet seine Frau ihn im festen Glauben und Vertrauen in Gott. Vor allem Richard erinnert sich noch gut an seine ersten Bewerbungsgespräche in England. »Ich hatte mein Marketingdiplom in der Tasche und ein Vorstellungsgespräch in einer Marketingfirma. Der Mitarbeiter, der mich interviewte, hatte, im Gegensatz zu mir, sein Diplom nie abgeschlossen.« Merline hört ihm ernst zu. »Ich bekam den Job am Ende nicht, weil ich schwarz bin.« Bei einem anderen Vorstellungsgespräch sagte man ihm ins Gesicht: »Wenn du mit deinem guten Diplom bei uns anfängst, werden die anderen aufhören, weil es ihnen ganz und gar nicht gefällt, dass du so gut ausgebildet bist.« Solche Erlebnisse beeinflussen dich. Ich habe am Ende Jobs bekommen, weil ich neben meinem Marketingfokus sehr gut mit Zahlen arbeiten konnte. Aber ich habe oft meine Anstellungen wechseln müssen. Es war nicht immer einfach.« Und doch hielt das Paar die erlebte Diskriminierung, mal subtil, mal direkt, aus. »Der Glaube hat uns unheimlich geholfen und gestützt.«

Sie blieben in England, um der wachsenden Familie ein Zuhause zu bieten, den Kindern eine gute Ausbildung zu ermöglichen. »Dennoch brauche ich ein wenig Sonne. Das vermisse ich natürlich«, sagt sie und stellt dem Sohn einen dampfenden Teller des Eintopfes hin. Merline und Richard sind gläubige Christen, doch sie wirken nicht streng-konservativ, sondern offen und tolerant. Und wenn Beziehungen der Kinder in die Brüche gehen, oder einer von ihnen immer noch nicht verheiratet ist, dann reiten sie nicht darauf herum. Die beiden vermittelten ihren Töchtern und Söhnen eine ziemlich besondere Form von Stärke, durch kritisches, selbstbewusstes Denken, durch Hinterfragen, aber immer auch durch den Glauben.

Als Merline nach London kam, lebten ihre Brüder bereits in Nottingham. »Wir kommen aus Saint Catherine, einem Landkreis im Südosten Jamaikas. In unserem Stadtteil gab es keine katholische, sondern die Pilgrim-Holiness-Kirche.«

Ihr Mann wurde in Nigeria römisch-katholisch erzogen, war dort Messdiener und erlebte mit seiner Migration nach Europa zunächst eine Enttäuschung. Bevor er nach England kam, war Richard in Irland und verliebte sich dort in eine katholische Irin, wollte sie sogar heiraten. Doch die katholische Kirche erlaubte es nicht, da man dem jungen Mann aus Nigeria nicht glaubte, dass er wirklich katholisch war. »Das war eine ziemlich frustrierende Erfahrung für ihn«, sagt mir später eine der Töchter. Merline und Richard fragen mich unvermittelt, ob mein Mann und ich gläubig seien, ob ich in die Kirche gehe und wenn ja, wie häufig. Als ich ihnen erzähle, dass meine Familie evangelisch und er katholisch ist, nicken sie verständnisvoll mit dem Kopf. Sie kennen diese Situation. Für meinen Mann und mich war es in Ordnung, da wir standesamtlich geheiratet haben und kein Problem mit unseren verschiedenen Religionszugehörigkeiten haben. Aber für Merline war Richards katholischer Glaube damals durchaus ein Thema. Da Merline ihren Glauben sehr stark lebte, stellte sie ihm eine wichtige Frage:»Wenn du für immer mit und bei mir sein willst, eine Familie gründen willst, wäre es ein wichtiger Schritt für mich, wenn du meinen Glauben annehmen würdest.« Und Richard tat es, und diesen Schritt rechnet sie ihm bis heute hoch an. Gemeinsam sind sie inzwischen Teil der Freikirchlichen Pfingstgemeinde.

Wer im Haus der Angiamas am Ende des Tages die Hosen anhat, ist nie wirklich klar. Auf eine Art beide. Beide sind selbstbewusste Redner, mit einer bewussten Wahl ihrer Worte. Richard stellt häufiger die großen Thesen in den Raum, an denen die beiden sich dann abarbeiten. Ein Beispiel:»Die industrielle Revolution hätte ohne die Sklaverei nicht stattfinden können.«

Es werden rege Meinungen ausgetauscht, zu Politik, Glauben, Gesellschaft oder zur eigenen Verwandtschaft, und jeder legt seine laut und deutlich auf den Tisch. Doch trotz des ständigen Debattierens geht es diesen beiden nie darum, dem anderen gegenüber überlegen zu sein. »Er ist der Boss, ich bin der Boss. Er weiß, was zu tun ist, ich weiß es ebenso«, bringt Merline es auf den Punkt.»Ich denke, unsere Aufgabe ist es, das Beste zu geben, uns zu vertrauen und Demut zu zeigen. Ich kenne diesen Typen jetzt schon so lange und so gut, dass er eigentlich nichts tun kann, das mich schockt. Früher, als junge Frau, war ich mir da manchmal unsicher.«

Ich habe das Gefühl, beide wollen nicht so gern über ihre Gefühle und die allzu persönlichen Dinge sprechen. Klar ist: Zwischen der Liebe steht bei ihnen immer auch Gott und der tiefe Glaube an ihn. Die Zuversicht, dass auch er zum Gelingen der Ehe beiträgt. Was nicht heißt, dass beide sich vor der Verantwortung drücken. Im Gegenteil. Doch der Glaube schenkt ihnen Vertrauen in den anderen. Und so ist Gott auch beim Thema Treue immer ein guter Berater gewesen. »Wenn mein Mann damals rausging, einen schönen Anzug trug und einfach gut aussah, betete ich und bat Gott, gut auf meinen Mann aufzupassen.« Ich stutze. Inwiefern aufpassen? »Nun, im Sinne von: Mein Mann sieht attraktiv aus, pass schön auf ihn auf. Behalt seine Schritte im Auge.« Das hat sie tatsächlich immer getan, Gott gebeten aufzupassen? »Natürlich. Nobody is perfect!« Vertrauen ist gut, Vertrauen in Gott ist besser. Dieser Gedanke fasziniert mich. Dass der Glaube so stark sein kann, dass man selbst ein Thema wie die Treue in Gottes Hand legt. Gleichzeitig aber auch die eigene Verpflichtung gegenüber sich und Gott, Verantwortung zu übernehmen. Mit einem Menschen zusammen zu sein, eine Familie mit ihm zu gründen, ist für beide mit Aufgaben verbunden. »Es geht darum, sich gegenseitig zu befähigen, an höhere Orte zu gelangen«, sagt Merline. Sie will korrekt leben, sich nicht blenden lassen, sich nicht provozieren oder verführen lassen, nicht lästern. Man vertraut, doch man ist auch in der Lage, zu verzeihen und den anderen nicht zu beschuldigen.

Auch wenn sich Richard und Merline nicht zu tief von mir in ihre Gefühlskarten schauen lassen, so will ich dennoch von ihnen wissen, was sie aneinander mögen, was ihnen am anderen wichtig ist. »Ich glaube, er versucht, ein guter afrikanischer Ehemann zu sein. Er macht Dinge auf seine Weise, ich auf meine, doch das bedeutet nicht, dass ich ihn nicht verstehe. Er kann von jetzt bis Weihnachten ununterbrochen reden und dozieren, das ist in Ordnung für mich, es ist nun einmal seine Art.« Ihr Mann sitzt am Kopfende des Esstischs und ist auf seinem Stuhl eingenickt. »Wenn er nicht ehrlich wäre oder ständig in Kneipen säße, das wäre ein Problem«, fährt Merline fort, während sie meinen Teller schneller abräumt, als ich aufspringen und ihn selber in die Küche bringen kann. »Ich denke, wir beide wollen vor Gott ein sinnvolles Leben führen. Wir haben Kinder, und sie müssen nachvollziehen können, für was wir stehen, auch wenn es nicht der Weg ist, den sie dann selbst gehen.«

Richard fragt sie inzwischen häufiger nach Orten oder Daten, sie ist einfach viel schneller in diesen Dingen. Und sie trägt es ihm nicht nach, dass er vergesslich ist, sondern betreibt mit ihm lieber ein wenig Gehirnjogging. Als ich nach dem Alter der jüngsten Tochter frage und er stockt, kommt es gleich aus der Küche: »Richard, wie alt ist unsere jüngste Tochter? Geboren am 3. März welchen Jahres? Komm schon, du weißt es genau«, sagt sie lachend und dreht sich wieder den Töpfen zu.

Als ich Richard wenig später frage, was er an seiner Frau mag, wird er ernst und nachdenklich. »Meine Frau kümmert sich.« Er macht eine lange Pause. »Sie kümmert sich. Trotz der vielen Auseinandersetzungen zwischen uns, sie kümmert sich. Und sie sorgt sich nicht nur um mich, sondern auch um den Rest der Familie.« Merline ist aus der Küche gekommen und hat sich mit an den Tisch gesetzt. In ihrem Gesicht liegt ein zutiefst friedlicher Ausdruck. Sie lächelt. »Sie umsorgt uns alle, die Familien, die Halbschwestern und Halbbrüder und deren Kinder.« Sie zieht die Augenbrauen hoch. »Richard, was meinst du mit Halbgeschwistern? Es sind meine Geschwister, ich mache diese Unterscheidungen nicht.« Und schon stecken beide wieder in einer ihrer lebendigen Diskussionen. Doch ihre Basis bleibt stabil.

Merline kümmert sich. »She cares.« Und ich erinnere mich an ein Interview mit der Literaturwissenschaftlerin Barbara Vinken, in dem sie die Fragen nach den Rollen in einer Partnerschaft ziemlich gut auf den Punkt bringt: »Schwierig scheint mir der normative Anspruch, dass es so etwas wie Genderrollen gar nicht mehr geben darf. Also auch kein Spiel damit. Alle müssen gleich sein […] Die Differenz muss ja nicht unbedingt der klassischen Rollenverteilung entsprechen und zugunsten des Mannes bestehen. Man kann sich auch ein umgekehrtes Modell vorstellen.«[9] Diese Aussage Vinkens hat mich beeindruckt, denn sie hat mir klargemacht, warum all diese Paare, die ich in den vergangenen Monaten besucht habe, von München bis Manhattan, in ihren oftmals klassischen Rollen stecken, aber dennoch zufrieden und gleichberechtigt darin wirken: Der Trick ist, das verinnerlichte Rollenspiel stets auf Augenhöhe stattfinden zu lassen. Ohne Überlegenheits- und Unterlegenheitsgebaren. Wie Merline es eben beschreibt: Er ist der Boss. Ich bin der Boss. Jeder hat seinen Bereich.

Haben die beiden noch Lust und Energie, gemeinsam auszugehen? Merline schüttelt mit dem Kopf. »Wir gehen nicht mehr groß aus. Und nächtelang in Bars, beschwipst von Rum, so etwas gab es bei uns eh nie. Auch große Designertaschen interessieren mich nicht, und bei zu hohen Schuhen falle ich gleich vorne über«, sagt sie und lacht schallend auf. »Gut, ab und zu sind wir natürlich zu Festen oder Hochzeiten eingeladen.« Der Sohn holt auf seinem iPad gleich ein Beweisfoto hervor, beide todschick – er im Anzug, sie in einem wunderbaren nigerianischen Gewand. Einmal im Monat gibt es afrikanische Musikevents. »Die sind am Nachmittag, und sie werden organisiert von seinen nigerianischen Leuten. Natürlich schließe ich mich da gerne an. Doch vor allem gehen wir in die Kirche beten.« Sie blickt ihren Mann an, der ruhig geworden ist. »Richard, hat es dir die Sprache verschlagen? Du liebst es zu dozieren, weißt normalerweise immer alles und erzählst, bis ich dich ein wenig abbremse.« Ihr Mann grinst sie müde an.

»Doch im Herrn gibt es weder die Frau ohne den Mann noch den Mann ohne die Frau. Denn wie die Frau vom Mann stammt, so kommt der Mann durch die Frau zur Welt; alles aber stammt von Gott.« (1. Kor 11,11–12)

Diese Stelle aus Paulus' erstem Brief an die Korinther, so wie ich sie verstehe, fängt auf gewisse Weise die Beziehung dieser beiden ein. Er ist der Boss. Sie ist der Boss. Keiner erhebt sich über den anderen. Auch habe ich das Gefühl, beide verfolgen für sich und als Paar nach fünfzig Jahren Ehe eine ganz eigene Mission. Er versucht sein Leben lang, kritisch zu sein, wach und reflektiert. Sie versucht ihr Leben lang, aufrichtig zu sein und das Beste zu geben. Treffen tun sich beide immer wieder in ihrem gemeinsamen Glauben und in der Familie, die sie halten und tragen.

»Ich möchte für dich als unseren Gast etwas singen, bevor du gehst«, sagt Richard unvermittelt, als ich dabei bin, aufzustehen und meine Tasche zu nehmen. »Wunderbar, alles klar, los geht's«, sagt seine Frau in ihrer gewohnt unerschrockenen Art und zählt an, »eins, zwei, drei! Richard, atme einmal tief durch und fang an«. Er kichert wie ein Teenager, der sich mit seiner Idee zu weit aus dem Fenster gelehnt hat und stockt für einen Moment. Als er seine Stimme erhebt, einen Hefter voller Liedtexte in der Hand, setzt seine Frau plötzlich wie selbstverständlich und unterstützend mit hoher, kräftiger Stimme mit ein. Und ich spüre, wie oft und gerne diese beiden gemeinsam singen, was sie auch regelmäßig in der Kirche tun. Eine wunderschöne Situation. Wie ein Segen, den mir beide mit auf den Weg geben wollen. So sehr dieses Paar sich in den vergangenen drei Stunden immer wieder gegenseitig mit Worten gestichelt und herausgefordert hat, so klar und ohne große Worte machen sie nun im gemeinsamen Gesang ihre untrennbare Einheit greifbar. Die Melodie wird mich noch einen ganzen Tag in Gedanken begleiten.

8

Magda und Georg Kreischer

DIE LIEBE SCHERT SICH NICHT UM SCHWÜRE

Why do birds suddenly appear
Every time you are near?
Just like me, they long to be
Close to you
Why do stars fall down from the sky
Every time you walk by?
Just like me, they long to be
Close to you
Carpenters, »Close to You«

Als ich kürzlich eine längere Strecke mit dem Taxi fuhr, erzählte mir der Fahrer, ein braungebrannter, dunkelhaariger Franzose in seinen Fünfzigern, von seiner eigentlichen Karriere als Schauspieler, wie gutaussehend und glücklich er in den achtziger Jahren gewesen sei. »Life was great!« Er habe 200 000 Mark auf dem Konto gehabt, eine Ehefrau, Urlaube, mehrere Autos. Doch dann hatte er das Geld irgendwann ausgegeben, und es kamen nur noch Vorwürfe: Was sollen wir jetzt machen? Was bist du nur für ein Versager? »Und weg war sie. Es war wohl nicht die richtige Frau, das habe ich damals nicht gemerkt«, entfuhr es ihm. Beim Aussteigen gab er mir noch einen Rat mit auf den Weg, der mir sehr gefiel, der für ihn aber schon zu spät kam. »Wenn das Leben schön ist, haltet euch zufrieden an den Händen. Wenn es schwierig wird, haltet euch mit denselben Händen unterstützend fest.«

Ein paar Tage später sitze ich bei Magda und Georg Kreischer auf der Couch ihres Wohnzimmers und muss an die weisen Worte des taxifahrenden Schauspielers denken. Sich an den Händen halten, wenn es gut läuft, und sich festhalten, wenn es steinig wird. Das Ehepaar Kreischer aus Baerl, einem ländlich geprägten Ort im Ruhrgebiet, ist in diesem Sommer zweiundsiebzig Jahre verheiratet, beide feiern bald ihren sechsundneunzigsten Geburtstag, und sie haben sich in ihrem gemeinsamen Leben schon sehr oft unterstützend festgehalten. »In guten wie in schlechten Tagen, und wir hatten sehr viele schlechte Tage«, sagt Magda Kreischer offen. Als sie sich kennenlernten, besaßen sie wortwörtlich nichts. Und beim Reden und Erinnern an diese Anfänge legt sich über ihre Worte zunächst eine Schwere. »Wir kommen beide aus mittellosen Elternhäusern, wir haben beide nichts geerbt. Unser Weg war wirklich sehr hart. Doch wir würden ihn immer wieder so gehen. Denn wir waren glücklich!«, ruft Georg Kreischer plötzlich unvermittelt, streckt euphorisch seine Arme in die Höhe und verharrt für einen Moment in dieser Pose. Als wolle er diesen intensiven damaligen Ausnahmezustand mit seiner Geste zu fassen kriegen und festhalten.

Über siebzig gemeinsame Jahre, beinahe ein Dreivierteljahrhundert. Ich befinde mich gerade erst im fünften Jahr meiner Ehe, der sogenannten Hölzernen Hochzeit. Die

Kreischers haben bereits ihre Gnadenhochzeit gefeiert, und irgendwie ist das ein bedeutungsschwerer Begriff, demütig, aber auch ein wenig deprimierend. Wie die zu lange Dankesrede eines Oscar-Gewinners, die man irgendwann mit einsetzender Musik übertönt. Umso schöner, dass den Kreischers bei fünfundsiebzig Jahren Ehe noch die Kronjuwelenhochzeit bevorsteht. Danach gibt es nichts mehr, und es muss sich komisch anfühlen, wenn man sämtliche Statistiken und Zeittafeln übersteigt und überlebt. »Wir sind das älteste Ehepaar im Ort und einfach froh, dass wir uns noch haben und es uns noch so gut geht«, sagt Magda und schaut mich mit ihren großen, hellblauen Augen freundlich an.

Wenn ihr Mann von den ersten zwanzig Jahren aus seinem Leben erzählt, klingt alles übermäßig anstrengend, auf der Leinwand würde man es vielleicht sogar für übertrieben halten. Als sehr guter Schüler bekam er einen Platz auf dem Gymnasium, doch die Eltern konnten es nicht bezahlen, der Vater war ohne Arbeit und bekam für seine vierköpfige Familie gerade einmal achtundsiebzig Mark Unterstützung. »Davon kaufen Sie einmal Bücher, Essen, Kleider …« Der vorgesteckte Weg für Georg wäre also eine solide Ausbildung zum Schlosser oder Tischler gewesen.

Doch es gab diese eine kleine Gelegenheit, eine Lehrstelle bei einem Apotheker rund fünfzehn Kilometer von Baerl entfernt zu bekommen. Er war ein guter, ein wissbegieriger Lehrling und wollte nach dem Abschluss mit guten Noten eigentlich auf eine Drogistenschule gehen. »Ich war einer der wenigen Volksschüler dort und richtig diskreditiert, denn um mich herum hatten die meisten Abitur.« Er liebte den Umgang mit Chemikalien und Heilpflanzen, das permanente Suchen nach einer Lösung bei Fragen.

Doch Georg sollte die Drogistenschule nie beenden. »Ich war achtzehn, wollte endlich mein Leben antreten … und dann kam der Krieg. Ich wurde gleich als einer der Ersten eingezogen und kam nach Helgoland. Das Land ohne Frauen, scherzte jeder.«

Und ausgerechnet in dieser Zeit lernte er seine Frau kennen. Über Umwege und dank eines Fotos. »Wir bekamen ja alle ein, zwei Jahre eine Woche Heimaturlaub, und ich verbrachte damals ein paar Tage bei meiner Tante in Osnabrück. Im selben Haus wohnte die Tante meiner Frau, die kannte ich natürlich auch. Und plötzlich war da dieses Bild eines bezaubernden Mädchens, gerahmt auf dem Küchentisch«.

Magda trug ein zweifarbiges, schlichtes Baumwollkleid, in der Taille mit einem Gürtel gerafft und mit dezent ausgestellten Schultern. Schwarze Locken umrahmten ein hübsches, herzförmiges Gesicht mit warmen, strahlend blauen Augen. Und die hat sie bis heute. Auf dem Bild von damals, das Georg so aus dem Konzept brachte, lacht sie nicht. Eher war es ein Lächeln, in dem Sensibilität ebenso verborgen war wie die Neugier einer jungen Frau auf das bevorstehende Leben. »Ich habe beide Tanten natürlich sofort ausgequetscht, um herauszubekommen, wer das Mädchen auf dem Foto ist!«

Irgendwann bekam Kreischer einen Brief der Tante, und ganz unkommentiert lag dem Kuvert noch ein Zettelchen bei mit Namen und Adresse der Nichte. Diese bekam fortan Post von einem jungen Mann, den sie noch nie zuvor gesehen hatte. »Ich kannte zwar seine Tante aus Osnabrück, aber natürlich, etwas perplex war ich schon. Der Brief war dann aber so nett und toll formuliert. Also schrieb ich zurück. Damals gehörte es sich ja, dass man den Soldaten im Krieg zur seelischen Unterstützung schrieb«, erinnert sie sich. »Wir konnten uns durch die Briefe ziemlich schnell ziemlich gut vorstellen, wie sich der andere sein Leben nach dem Krieg ausmalte. Wir hatten viele ähnliche Wünsche und Interessen. In der Natur sein, wandern. Wir lieben bis heute klassische Musik! Schlager dagegen lieben wir nicht.«

Ihr Mann hakt energisch ein: »Ich habe schon an den Zeilen gemerkt, wie literaturbeflissen sie ist. Das waren keine vor Schmalz triefenden Liebesschnulzen. Wir haben freundschaftlich und niveauvoll korrespondiert.«

Wie sich das erste Treffen schließlich anfühlen würde, sind beide endlose Male in Gedanken durchgegangen. Wartend. Bis der Soldat im August 1942 unerwartet ein paar Tage Heimaturlaub bekam und von den Eltern aus mit dem Zug zu ihr nach Worms fuhr. Er durfte bei einer befreundeten Familie von ihren Eltern übernachten und fragte um Erlaubnis, mit der Tochter einen Tag nach Heidelberg fahren zu dürfen. Er durfte, musste das Mädchen aber um zehn Uhr wieder in Worms vor der Haustür abgeliefert haben.

»Als wir uns das erste Mal sahen, waren wir sehr schüchtern und sind uns natürlich überhaupt nicht um den Hals geflogen.«

Sie besuchten den Heidelberger Königsstuhl, ergatterten das letzte Stück Kuchen in der Auslage, es gab Kaffee, und es entstanden erste gemeinsame Fotos, auf denen beide aussehen, als hätten sie sich aufeinander abgestimmt: Magda trug ein helles, wadenlanges Sommerkleid mit Blümchenmuster, der junge Soldat hatte sich unerlaubterweise die Zivilkleidung eingepackt und sah in seinem hellen Anzug und Hut aus wie ein eleganter Geschäftsmann.

Es waren nur ein paar Tage, die die beiden miteinander verbringen durften. »Aber es genügte, um zu wissen, dass wir zueinander gehörten.« Magda verlor dabei auch noch ihr Armband. »Doch was spielte das für eine Rolle, immerhin hatte ich meinen zukünftigen Ehemann gefunden. Es gab nicht diesen Blitzmoment. Wir hatten uns durch die Briefe ja bereits in aller Ruhe kennen-, ja, lieben gelernt!«

Schnell wurden noch die Eltern von Georg in Baerl besucht. Dinge, für die sich Paare heute manchmal Monate, Jahre Zeit lassen, wurden hier gar nicht erst auf die lange Bank geschoben. Wer wusste denn schon, was im Krieg alles noch passieren konnte. Manchmal hatte er nur zwei Tage Sonderurlaub, setzte sich in Boot und Schiff und Zug, um Magda manchmal nur für einen kurzen gemeinsamen Kaffee in Worms zu besuchen.

»So ging das bis Kriegsende. Dinge wie Sexualität haben bei uns zu Anfang keine Rolle gespielt, darum ging es überhaupt nicht. Wir hatten uns, und das reichte.«

Worms lag in der französischen Besatzungszone und Baerl in der britischen. »Und irgendwie habe ich mich mit einem Weinauto durchgeschlagen und kam am gleichen Tag wie er in Baerl an«, sagt Magda und strahlt bei der Erinnerung. »Ab da begann für uns eigentlich erst ein neuer Lebensabschnitt.«

Georg wurde vorzeitig aus der Gefangenschaft entlassen, weil er sich als Bergmann ausgegeben hatte. »In den Lagern wurden alle Bergleute vorzeitig entlassen, da sie noch dringender als an der Front beim Kohleabbau gebraucht wurden. Und da ich seit 1941 nur noch eine Niere hatte, musste ich nicht unter Tage und konnte nach zwei Jahren aus dem Beruf schon wieder heraus.«

Kirchlich geheiratet haben sie im August 1946 in Baerl, die standesamtliche Trauung hatte zwei Monate zuvor in einem hergerichteten Klassenzimmer einer teilzerstörten Schule in Worms stattgefunden. »Besiegelt durch einen Stempel, aus dem säuberlich das Hakenkreuz herausgeschnitten worden war«, sagt Madga und kann sich beim Blick auf die Urkunde das Lachen nicht verkneifen. Auf den Fotos, die nach der kirchlichen Trauung entstanden, stehen beide ein wenig unbeholfen am Rande eines Kartoffelackers, doch das ausgeliehene Hochzeitskleid und die weißen Blumen – keine echten, sondern aus Papier gefaltet – strahlen wie in einem alten Walt-Disney-Film. Die erste gemeinsame Bleibe waren zwei Mansardenzimmer, ohne jeglichen Hausrat, ohne Toilette oder Abfluss. »Durch den Tausch von gestohlener Kohle von der Zeche besaßen wir aber immerhin einen Tisch, zwei Stühle und einen Schrank. Wir waren ärmlich ausgestattet, aber unendlich glücklich, zu zweit und endlich dauerhaft beisammen zu sein!«

Beide waren 25 Jahre alt und befanden sich im Grunde wieder an dem Punkt, an dem sie als 18-Jährige bereits gestanden hatten: Das Leben sollte endlich beginnen. »Doch Schmetterlinge im Bauch, der Himmel voller Geigen, so etwas hatten wir in dieser Zeit überhaupt nicht. Dafür war gar keine Zeit. Wir haben uns wirklich und im wahrsten Sinne des Wortes lieben gelernt. Durch den Verzicht. Unsere gemeinsame Arbeit, das Sparen, die Entbehrungen, das alles kittete enorm zusammen.«

Vielleicht war dieses lange Ausharren in aufgezwungenen Warteschleifen, in einem Alter, in dem man eigentlich in den Startlöchern steht und die Welt erobern will, auch der Grund dafür, warum die Kreischers 1948 einen regelrechten Blitzstart hinlegten: Bereits vier Wochen nach der Währungsreform eröffneten sie in Baerl ihre erste Drogerie mit dem Geld ihrer damaligen Umtausch-Kopfquote, rund sechzig Mark. »Eine Drogerie, die derart primitiv war, dass die eigenen Kollegen darüber gelacht haben. Das Zimmer war so klein, dass ein Kunde rausgehen musste, wenn ein anderer hineinwollte!«

Bereits nach einem Jahr hatten sie eine größere Bleibe, eine richtige Drogerie mit Metalllettern über einem großen Schaufenster, *Drogerie Kreischer.* »Wir hatten eigenhändig ein Zimmer ausgebaut in einer ausgebombten Gaststätte. Die Trümmer lagen immer noch zusammengefegt in der Ecke. Aber unser Laden sah gut aus, und wir haben ihn sieben Jahre lang geführt.«

Drogerien funktionierten zur damaligen Zeit wie nicht-lizensierte Apotheken, mit Heilkräutern, Chemikalien und rezeptfrei verkäuflichen Medikamenten, und ein bisschen sah man in den Kreischers auch die ärztliche Anlaufstelle im Ort, wo man auch noch Bilder entwickeln lassen und Seife kaufen konnte. Wenn ein Problem nicht zu lösen war, bei Säuglingen ebenso wie bei Pflanzen oder Tieren, fiel immer irgendwann der Satz: »Hast du schon mal bei Kreischers gefragt?«

»Es sprach sich recht schnell rum, dass wir sehr gut die Kunden beraten konnten, und so kamen Leute aus allen Ortschaften zu uns.« Denn bei den Kreischers gab es manchmal Angebote, die niemand sonst hatte. Georg war ein guter Drogist, doch er hatte auch ein erstaunliches Händchen dafür, im richtigen Moment gewagte, aber erfolgreiche Entscheidungen zu treffen. Drei Zementsäcke voller Hustenbonbons kaufen zum Beispiel. »Eines Tags hielt ein Mensch aus Düsseldorf mit seinem Lastwagen vor der Drogerie, vollgeladen mit Hustenbonbons. Wir kamen ins Geschäft, und in den folgenden Tagen haben wir nur Hustenbonbons verkauft«, erinnert er sich, und seine wasserblauen, hellwachen Augen glänzen. Ein anderes Mal bekam er über Beziehungen mehrere Kartons voller Damenbinden, lose, ohne Verpackung. »Doch das war egal, die Frauen rannten uns den Laden ein und stopften sie sich in ihre Handtaschen.« Dann gab es den

Kontakt zu einer Firma, die früher Parkettböden hergestellt und mit Wachs versiegelt hatte. Doch während des Krieges ruhte das Geschäft, und so lagerte das ganze Wachs in einem Stall im Stroh. Die Kreischers hatten inzwischen ein reges Netzwerk zu Händlern und Produzenten aufgebaut, mit denen man aus fast allem etwas Neues herstellen konnte. »So wurde das ganze Wachs zu einem Kerzenhersteller gebracht, und bei uns im Laden gab es wochenlang Weihnachtskerzen.«

Die beiden könnten Dutzende dieser Geschichten erzählen, die sie sich, gemütlich auf dem Sofa sitzend, heute selber nicht mehr vorstellen können. Wie haben wir das nur geschafft damals, fragen sie sich und schütteln mit den Köpfen. Magda hatte zu Beginn keine Ahnung vom Drogeriewesen, da sie nach ihrer mittleren Reife eine Ausbildung als Kauffrau im Versicherungswesen gemacht hatte. »Zudem sprach damals jeder im Dorf Platt, ich habe also zu Beginn nur Bahnhof verstanden.«

Als die medizinische Produktpalette in der Drogerie weiter zurückging und die Kosmetik immer wichtiger wurde, führte und betreute Magda diesen Teil des Ladens. »Wir waren Tag und Nacht zusammen. Und wenn wir stritten, was selten vorkam, war es nur, weil Georg niemals Fünfe gerade sein lassen konnte. Weil ich mit dem Essen oben wartete und er noch mit einem Vertreter redete.«

Zeiten waren das, in denen 4711 – das bekannte Kölnisch-Wasser – eine Luxusmarke war und man sich mit edel duftenden Seifen wusch. Magda selbst blieb ihr Leben lang ungeschminkt, während sie ihren Kundinnen Lippenstift, Make-up und Nagellack verkaufte. »Das brauchte sie nie, meine Gattin. So ein natürliches Mädchen.« Mehr ist ihm

nicht zu entlocken, aber das ist schon viel. Großspurige
Plattitüden und Liebesschwüre konnte Georg noch nie aus-
stehen. Seine Frau übrigens auch nicht: »Was soll ich sagen,
man ist alt, und man ist nicht mehr schön. Doch für ihn bin
ich schön. Trotz meiner Falten und allem. Wir versuchen,
nichts vorzutäuschen. Er hätte auch nie von mir verlangt,
mich optisch zu verändern hin zu etwas, das ich nicht bin.
Ich habe mir tatsächlich noch nie die Haare gefärbt. Die waren ja früher dunkelbraun.« Heute schimmern sie in einem
dunkelgrau, durchzogen von feinen weißen Strähnen. Auch
mitgebrachte Blumen, Pralinen oder Schmuck gab es bei
den Kreischers nie. »Mein Mann hat mir mein Lebtag keine
Blumen geschenkt, und ich habe es auch nie vermisst«, betont seine Frau verschwörerisch. »Treue ist doch so unend-

lich viel mehr wert als Blumen zum Valentinstag«, findet ihr Mann und schüttelt den Kopf.

1956, acht Jahre nachdem sie mit ihrem Geschäft in dem kleinen Zimmer begonnen hatten, war das Paar mit der Drogerie so erfolgreich, dass sie sich ihr heutiges Haus bauen konnten. »Der Bauunternehmer bekam jeden Samstag einhundert Mark von mir.« Ein großes Gebäude mit Satteldach, das an einer der wenigen Hauptstraßen steht, die durch den kleinen Ort verlaufen. Nur hundert Meter weiter fließt breit und ruhig der Rhein, und durch die vielen Mansardendächer spürt man bereits die Nähe zu Holland, die Grenze liegt keine vierzig Kilometer entfernt. Dass sein Heimatort in den siebziger Jahren eingemeindet wurde und nun ein Stadtteil von Duisburg ist, schmerzt Georg bis heute.

Ihr Haus verkörpert mehr als den Traum von den eigenen vier Wänden. Es ist auch der Beweis, dass man Ziele im Leben haben kann, dass Dinge klappen können und von Bestand sind. Im Innenraum verbauten die Kreischers viel Holz, hier und da an den Wänden und auf dem Boden. Über dem Sofa hängen Bilder und Schnitzarbeiten, ein Wandteller wurde ihnen zur Einweihung der hauseigenen »Heubodenbar« im Dachgeschoss geschenkt. Liebevoll bemalt und datiert: 1976. Es ist ein altes, ausrangiertes Geschirrstück aus Wehrmachtsbeständen, auf der Rückseite prangt noch ein kleines Hakenkreuz.

Ab und zu meldet sich eine hell klingende Wanduhr, doch auf gewisse Weise ist die Zeit im Haus der Kreischers stehen geblieben, auf so perfekt gepflegte Art, dass man drinnen vergessen könnte, dass draußen 2017 und nicht 1970 ist. Wie ein bewohntes Bernsteinzimmer. Unter der Decke im Flur führt eine ausziehbare Treppe steil nach oben in die besagte »Heubodenbar«. Mit richtigem Tresen, Bänken und in Holztafeln eingravierten Trinksprüchen. Inzwischen trinkt hier oben aber niemand mehr, die Ausziehtreppe ist ein wenig wackelig, und die beiden kommen nur noch schwer hinauf. »Doch als wir in Rente gingen und keine Verpflichtungen mehr hatten, haben wir einiges nachgeholt, und viele Abende dort oben mit Freunden gefeiert.«

Mir wird klar, dass die erwähnte Rente mit fünfundsechzig bei den beiden bereits dreißig Jahre her ist, und so wie im Haus ein wenig die Zeit stehen geblieben ist, wundert sich auch das Ehepaar darüber, dass die Welt von heute ihrer eigenen so fremd geworden ist. Vielleicht ist es eine Hilflosigkeit, die man verspürt, wenn beinahe ein ganzes Jahrhundert an einem vorbeirauscht. Als die Kreischers 1921 geboren wurden, fuhren durch manche deutsche Ortschaften neben wenigen Autos noch Pferdekutschen. Heute gehört die Zukunft den Elektromotoren, der einst so revolutionäre Fernseher kommt aus der Mode, es gibt Leihmütter und Tinder. Alles ist im Wandel. Und Georg kann sich sehr darüber echauffieren, wie verwässert ihm die moralischen Werte heute vorkommen. »Alle bringen ihren eigenen raumeinnehmenden Lebensstil mit in die Beziehung und die Vorstellung, dass man diesen eigenen Lebensstil mit allen Vorzügen und Freiheiten einfach so weiterführen kann, auf nichts verzichten muss. Aber so kann man nicht siebzig Jahre lang eine Ehe führen.« Auch hat er den Eindruck, in der Gesellschaft drehe sich viel zu viel ums Vergnügen. »Wenn glühende Sexualität und Leidenschaft zu einer Ehe führen und diese sogar Bestand hat: Wie sieht es denn mit der glühenden Liebe nach sechzig Jahren aus?«

Ein anderer Grund, warum bei den Kreischers die Zeit stehen geblieben zu sein scheint, ist vielleicht auch die Tatsache, dass das Paar kinderlos geblieben ist. »Für wen sollten wir denn renovieren, wenn wir das Haus nicht vererben können?« Georg steht im Flur, und man spürt eine traurige Nüchternheit in seiner Stimme. »Wir haben lange darunter gelitten, dass es nicht sein sollte, aber auch immer gewusst: Unsere Ehe zerbricht daran nicht!«, sagt Magda mit fester Stimme. »Wir sind so eng miteinander verwachsen, uns bringt nichts auseinander.«

Damals stand die Option eines operativen Eingriffs im Raum, der die Chance auf eine Schwangerschaft bei Magda möglicherweise erhöht hätte. Sie war dafür, er eigentlich dagegen. »Meine Frau wollte es unbedingt probieren«, erinnert sich Georg. Doch es kam zu Komplikationen, die Wunde entzündete sich und wollte einfach nicht abheilen. Als irgendwann auch die Ärzte nicht weiterwussten, behandelte Georg die Wunde seiner Frau selbst. Er besann sich auf die Kraft althergebrachter Mittel und verwendete Perubalsam, den er im Laden führte. Perubalsam ist eine Art dunkler Harz, der aus dem Balsambaum gewonnen wird und entgegen seines Namens nicht aus Peru, sondern vor allem aus San Salvador sowie aus Guatemala, Mexiko und Costa Rica kommt. »Innerhalb weniger Wochen war alles komplett verheilt. Als ich dem Arzt den Tiegel zeigte, zuckte der nur mit den Schultern. Das Mittel kannte er schon gar nicht mehr.«

In diesem Heilungsprozess steckt so viel. Ein Akt der liebevollen Pflege, der neben der körperlichen vielleicht auch ein erster Schritt zur seelischen Heilung war, von der Traurigkeit, dass das Paar keine leiblichen Kinder haben würde.

Georg steht auf und geht langsam zum Schrank. »Ich will Ihnen einmal zwei Verse vorlesen, die unser Leben und unsere Auffassung von Liebe sehr gut widerspiegeln.« Er blättert in einem Büchlein mit dem Titel »Wo die Liebe stirbt, verlöscht das Licht«, verfasst von einem verstorbenen Mundartdichter. Kreischer zitiert die Verse feierlich pointiert:

»Liebe, dieses schlichte Wort, klar und inhaltsschwer, wird zu leicht und immerfort hohl und inhaltsleer. Wenn es so dahingesagt, vielfach unbewusst, gleichgesetzt wird im Geschwätz leider nur mit Lust.«

Ich habe den Eindruck, dass die beiden in der Strenge, mit der sie jede Form von Schwärmerei und Schwüren verurteilen, im Grunde ihren Respekt vor der Liebe finden. Dabei hatten sie zumindest in ihren berufstätigen Jahren für derartiges Reflektieren über die Liebe und die eigene Beziehung überhaupt keine Zeit. »Wir haben ja immer nur gearbeitet.« Und als sie fünfzig wurden, stellten sie sich plötzlich die Frage: War das wirklich alles?

Das Haus stand, die Drogerie lief gut, man hatte nach einem harten Start so viel erreicht. Ist es das also? Und beiden wurde klar, ja, genau das ist es. Und es ist gut so. Denn es geht nicht um die Dramen und Leidenschaften. Man hat sich einander und ist unendlich dankbar dafür. Auch wenn einem im Alltag oft der Kopf woanders stand. Mit dem Lauf der weiteren fünfundvierzig Jahre und dem Beginn der Rente kehrte sich die Frage »War es das schon?« allmählich um: »Was ist, wenn der andere nicht mehr da ist? Was ist dann?«

In Georgs Stimme steckt ein leichtes Beben. »Da ist dieses wachsende Empfinden: Ich kann nicht ohne den anderen.«

Aber seine Frau lenkt gleich ein. »Weg!«, sagt sie und

macht eine ausladende Handbewegung. »Da darfst du gar nicht erst dran denken. Die Gegenwart zählt, sonst nichts.«

Doch ich kann diese Angst verstehen. Denn wenn man keine Kinder und Enkelkinder hat und viele Freunde und liebgewonnene Bekannte krank sind oder vielleicht sogar schon gestorben sind, bangt man um den Partner als das Wichtigste auf der Welt.

»Wir haben früher so viel geplant, verplant. Wochen, Monate. Das machen wir jetzt alles nicht mehr, sondern sind glücklich, dass es uns in den letzten Jahren noch so verhältnismäßig gut geht.«

Wir sind aufgestanden und durch das Wohnzimmer auf die Terrasse gegangen. Das Paar schaut schweigend in den großen Garten. Der Ausblick könnte auch in einem Buch von Erich Kästner beschrieben worden sein. Im vorderen Teil hat sich ein prächtiger Magnolienbaum ausgebreitet, gerade beginnen die Blätter im Minutentakt Richtung Rasen zu segeln. Doch selbst dieser Teppich aus weißem Blütenabfall sieht unerträglich malerisch aus. Die Kreischers haben keinen Gärtner, sondern machen alles noch selbst. »Ich wollte die Magnolie schon fällen. So viel Arbeit! Aber ich konnte es nicht übers Herz bringen. Wenn meine Frau diesen Baum doch so lieb hat …«

Dahinter kommt ein Rosenbogen, durch den es in den Nutzgarten geht. Magda hat hier Jahrzehnte lang mit Hingabe gearbeitet, die Beete beackert, Gemüse angepflanzt, bevor es ihr zu viel Arbeit wurde. Eines Tages bemerkte sie, dass ihre Putzhilfe, die alle vierzehn Tage kommt, sehnsüchtig in Richtung der gepflanzten Salate schaute. »Also schlug ich ihr vor, sie könne die Beete pflegen und die geernteten Erträge mit nach Hause nehmen.« Seitdem mache die Putzhilfe das

Ganze mit Leidenschaft, aber irgendwie fehle ihr das Händchen, merkt Kreischer an und lächelt hilflos. »Wir sind da schon etwas pedantisch.«

Das Ehepaar schloss die Drogerie 1974, da inzwischen immer mehr Produkte in Apotheken und heutigen Drogerieketten verkauft wurden. Sie verpachteten die Räume, und Georg begann als Sachbearbeiter in einem mittelständischen Betrieb zu arbeiten. Heute erwischen sie sich immer noch dabei, wie sie nur schwer still sitzen können, das jahrzehntelange Arbeiten im eigenen Laden, das ständige Unter-Strom-Stehen, können sie kaum abstellen. »Alle zwei Wochen kommt zwar unsere Putzhilfe, aber im Grunde mache ich täglich im Haushalt noch alles selbst. Kochen, Waschen, Bügeln«, sagt Magda ohne Stolz in der Stimme. Einmal in der Woche treffen sie sich mit ihren Freunden zum Singen. An mehreren Tagen muss Georg zur Dialyse, und wenn der Arzt ihn dann sieht, als einen seiner ältesten Patienten, witzelt er immer, dass Kreischer sicherlich über hundert werden wird. »Es könnte also alles viel schlimmer sein. Für das, was wir so hart haben einzahlen müssen in jungen Jahren, werden wir heute reich belohnt. Da nehme ich die Dialyse als Preis dafür an. Wir sagen tatsächlich jeden Abend Dankeschön.«

Draußen hat es angefangen zu dämmern, und Magda bringt mich noch hinunter zur Eingangstür. Im Ort gab es früher den Brauch, den Türrahmen zu Hochzeitsjubiläen zu bekränzen. Inzwischen ist es vor allem bei den jungen Leuten aus der Mode gekommen, doch bei den Kreischers führen die Nachbarn diese Tradition seit Jahrzehnten fort. Zuletzt zur Gnadenhochzeit, und auf dem Foto eines Artikels in der Lokalzeitung gibt Georg seiner Frau im Hauseingang, umringt vom üppigen Türkranz, einen spontanen, innigen Kuss. Es ist ein schönes Foto, denn es zeigt etwas, das man bei Paaren in diesem Alter eigentlich nicht mehr sieht: körperliche Innigkeit. Eine Liebe, die unverrückbar ist und bleibt. Als ich wegfahre, steht Magda noch lange vor dem Haus und winkt mir nach, bis ich um die Ecke gebogen bin. Das berührt mich, denn es wirkt wie ein Wink, den sie mir fürs Leben mitgeben will: »Auch wenn es mal Streit gibt, einfach weitermachen bis zum Schluss.«

Die Beziehung der Kreischers war geprägt von harter Arbeit und Entbehrungen, das betonen sie im Gespräch immer wieder. Und zunächst bin ich davon, verwöhnt durch meine weltgewandten Großeltern, fast ein wenig irritiert, streckenweise wirken beide fast altmodisch und ein wenig konservativ. Immer dann, wenn sie sagen, dass das Funktionieren einer langen Beziehung mit starker Moral zu tun habe, mit Werten jenseits von Schwärmerei und Leidenschaft. Doch je länger wir uns unterhalten, desto mehr bemerke ich hinter dieser scheinbaren Härte eine Wärme und den Versuch, die Liebe zu leben, indem man sie eben nicht auf einen ausgeschmückten Goldsockel stellt und nach über siebzig gemeinsamen Jahren nicht erwartet, dass der Partner alle Wünsche erfüllt. Man verbringt die meiste Zeit mit ihm, doch man drückt ihm nicht die Last auf, für das eigene Wohl verantwortlich zu sein. Es ist wichtig, so vermitteln mir diese beiden, dass die Beziehung immer auch mitgetragen wird von einem Netzwerk aus vielen persönlichen, engen Kontakten. Wenn Georg erzählt, dass sie zur Goldenen Hochzeit um die fünfunddreißig Leute eingeladen hatten, doch in der Kirche plötzlich über hundert saßen und er beinahe weinen musste, dann sind das diese Momente, in denen sich die Liebe für den anderen auf ganz viele Menschen überträgt.

Und plötzlich verstehe ich auch die Idee hinter dem betonten »Ich habe dich lieb« der Kreischers. Warum sie darin einen so klaren Unterschied sehen zum »Ich liebe dich«. Weil das »Ich habe dich lieb« kein Verfallsdatum hat. »Wenn wir sagen, wir haben uns lieb, dann haben wir uns bildlich dabei im Arm, drücken uns. Wenn wir sagen, ich liebe dich, ist das für uns eine Hülse, voller leerer Bilder und Projektionen.«

Mir wird bewusst, dass man die Beziehung nicht degradiert, indem man ihr die Superlative entzieht. Man hat seinen Partner lieb. Aber man hat auch seine Schwiegermutter lieb oder die langjährigen Freunde aus den Vereinen: Georg und Magda waren zeitlebens eingebettet in eine Struktur aus sozialen Verbindungen. Der Kirchenchor, für den Georg extra einmal die Woche von seiner späteren, weiter entfernten Arbeitsstelle nach Hause fuhr, um mitzusingen. Die Wanderfreunde, mit denen man jahrzehntelang Europa durchquerte und als die ersten körperlich nicht mehr mithalten konnten, stellte man sich ihnen zuliebe auf Städtereisen um. Weil sie einem wichtig sind und man die Zeit mit ihnen teilen will. Das mag traditionell wirken, und für viele auch einengend und kontrollierend, aber es schafft auch eine große Vernetzung, innerhalb derer man mit so viel mehr Gelassenheit auf die Partnerschaft schauen kann. Sie muss nicht mehr die tollste, schönste, innigste, prächtigste, erfolgreichste sein. Die Partnerschaft kann einfach sein, ohne jeden Tag ein Feuerwerk zünden zu müssen. »Sie glauben gar nicht, wie einfach es ist, einander lieb zu haben, und das ohne die ganzen Liebesschwüre«, gibt Georg mir zum Abschied als Rat mit auf den Weg. Und im Grunde kenne ich dieses Gefühl ja schon selbst. Dann, wenn ich sehe, wie lieb mein Mann seine alten

Freunde hat und wie warm und herzlich sie sich beim Wiedersehen umarmen. Dann durchströmt mich immer tiefe Freude. Weil ich sehe, wie glücklich sie sind, einander zu haben. Vor allem aber: Ich empfinde es in diesem Moment als unheimliche Erleichterung zu wissen, dass ich nicht die Einzige bin, die ihn glücklich macht.

Ein ziemlich reifer Gedanke, ich bin selbst ganz erstaunt. Das ist es wohl, was ich von dieser Begegnung mit den Kreischers mitgenommen habe.

9

Frieda und Alois Strese[*]

ZWEI PRAGMATISCHE OPTIMISTEN

I took the stars from our eyes,
and then I made a map
and knew that somehow
I could find my way back
Florence + The Machine, »Cosmic Love«

Jeden Morgen um 7:11 Uhr klingelt der Wecker. Ein schrilles, penetrantes Geräusch, das aber sogleich per Knopfdruck beendet wird. Alois und Frieda Strese müssen ihre Tabletten nehmen. »Das klingt jetzt vielleicht ein wenig albern, sich vorzustellen, dass wir dann nebeneinander im Bett sitzen und unsere Pillen mampfen, aber so ist es eben im Alter«, sagt Frieda Strese. Ihr Mann steht kurz danach auf, geht ins Bad, macht sich fertig, bleibt aber im Bademantel. Sie liegt noch einen Moment im Bett, während er das Frühstück vorbereitet: Tee, Brot, Butter, Käse, Marmelade. Der fast Neunzigjährige will sich nicht hetzen, kann es auch gar nicht, denn seine Knochen machen nicht mehr mit. Stehend geht es irgendwie, doch das Gehen schmerzt ihn sehr. Aber er beklagt sich nicht, und so sitzen die beiden zwanzig Minuten später am Tisch vor den dampfenden Tassen und frühstücken in ihren Bademänteln, wie im Grandhotel mit Zimmerservice. »Und raten Sie mal, was wir danach machen?«, fragt Frieda Strese und kann es kaum erwarten, die Antwort zu geben. »Wir gehen einfach wieder ins Bett!« Zufriedenes Lächeln. Das Ganze machen die Streses jeden Morgen seit vielen Jahren. Alois Strese verdreht leicht schwärmend die Augen. »Und das ist vielleicht gemüüütlich, nach dem Frühstück noch mal so ein Stündchen ins Bett.« Wer von den beiden kam auf dieses Ritual? »Ritual? Nix Ritual! Das haben wir doch nicht irgendwann geplant. So etwas ergibt sich. Wir wollten Ihnen davon erzählen, weil auch solche kleinen Dinge im Alter eine gute Beziehung ausmachen. Aber planen darf man so etwas nicht. Eher offen sein für Dinge, die sich ergeben. Und wenn sie dann kommen, nimmt man sie an.« Ein Liebespaar um die Neunzig erteilt mir also einen Ratschlag. Für die Liebe, aber nahtlos übertragbar aufs Leben: Annehmen und dann perfektionieren.

Frieda Strese, eine Frau von Mitte achtzig, mit schönem leuchtendem Cardigan zur schmalen Hose, kurzen dunklen Haaren und Brille, redet in einem Tempo, als sei jemand hinter ihren Worten her. Spricht, fällt sich beinahe selbst ins Wort und korrigiert sich. Doch es ist kein Reden gegen die Stille, eher sind es ihre vielen schlauen Gedanken, die sie in der Lage ist, derart schnell hintereinander zu formulieren. Die Stimme ist durchzogen von einem leichten Singsang, fast eine Art permanentes Amüsiertsein, selbst wenn sie über ernste Themen spricht. Es ist jedoch nicht zu verwechseln mit Albernheit. Das, was sie ausstrahlt, was beide ausstrahlen, ist das entschiedene Gegenteil von Traurigkeit.

Das Paar, das seit über sechzig Jahren verheiratet ist, liebt seine eigenen vier Wände in einer großen Stiftsanlage. Und das liegt zum einen an den vielen großen Fenstern, durch das sie einen weiten Blick auf Göttingen und sein Umland haben, es liegt aber auch an der Situation, dass Alois Strese kaum mehr laufen kann. Bei jedem Schritt, das sehe ich, als er mir ganz gentlemanlike die Tür öffnet, sind ihm Schmerz und Anstrengung ins Gesicht geschrieben. So ein eleganter Mann. Der gebürtige Hamburger trägt einen hellgrauen Anzug mit Krawatte, eine Hornbrille und die gräulichen Haare mit Pomade zurückgekämmt. Ich denke natürlich gleich an meinen schicken Großvater. Frieda Strese versucht erst gar nicht, die gesundheitliche Situation ihres Mannes kleinzureden. »Er ist sehr krank und leidet an einem Multiplen Myelom, einer bösartigen Erkrankung des Knochenmarks.« Er nickt und hat sich derweil ganz langsam in den Sessel gesetzt, durch das Fenster scheint die Mittagssonne direkt auf seinen Rücken. »Ich kann schwer gehen und kann noch schlechter aufstehen. Wenn ich jetzt hochkommen müsste, könnte ich das nur mit dem Stock und mit größter Mühe. Wenn ich dann einmal stehe, geht es. Mit dem Rollator können wir sogar zum Essen in den Speiseraum, aber das strengt mich sehr an. Also nicht mich, aber meine Beine.«

Als die beiden 2003 in ihre Seniorenwohnung einzogen, waren sie für diese Art Schritt noch jung. Sie war zweiundsiebzig, er fünfundsiebzig. »Absurd!«, riefen die Freunde. »Aber wir haben es keinen Moment bereut, denn jetzt könnten wir solch einen Schritt mit Umzug und allem definitiv nicht mehr stemmen.«

Rausgehen ist also immer seltener möglich. Und wenn sie zu ihren Ärzten müssen, bestellen sie ein Taxi. »Ich war bestimmt ein Jahr nicht mehr draußen«, sagt Alois Strese nüchtern. »Nee, nee«, korrigiert ihn seine Frau, »natürlich warst du vor der Tür. Mit draußen meinst du, weiter weg zu fahren als nur bis zum Arzt. Das stimmt.«

»Ich kann in keine Eisenbahn steigen mit dem Rollator. Aber ich hätte jetzt ohnehin keine Lust mehr auf langes Reisen.«

»Das ist vorbei für uns«, ergänzt seine Frau. Was für ein Satz. Er geht durch Mark und Bein, klingt endgültig und traurig. Doch er hat für die beiden mit Traurigkeit wenig zu tun. Es ist ein Abschied, ja, aber Loslassen übt das Paar seit Jahren. »Man nimmt das jetzt fast als normal hin und leidet nicht oder hadert damit, das würden wir nie machen, dieses Bedauern à la: Mensch, jetzt sitze ich hier und kann nicht mehr.« Beide schütteln den Kopf. »Das würden wir nie machen.« Vielleicht weil beide wissen, dass es natürlich zu nichts führt. Sie wissen aber auch, dass sich durch Veränderungen auch wieder neue Türen öffnen. Jahre bevor bei ihrem Mann die Erkrankung diagnostiziert wurde, erlitt Frieda Strese eine tiefe Venenthrombose im Bein. Von einem auf den anderen Tag war alles anders. »Ich musste permanent Medikamente nehmen und Kompressionsstrümpfe tragen. Dinge wie fliegen durfte ich überhaupt nicht mehr. Also haben wir spontan und jahrelang ganz viel mit dem Auto und dem Zug unternommen.«

Man kann es so sehen: In den besten Jahren konnten beide die Welt nicht bereisen. Oder man sieht es so: »Deutschland und Umgebung kennen wir durch diese Art des Reisens heute sehr gut.« Etwas annehmen und perfektionieren.

»Das Tolle: Ich hatte die Thrombose früh genug, denn irgendwann gab es die richtigen Medikamente, sodass ich wieder ein Flugzeug betreten durfte. Der erste Flug ging nach Rom, dann nach Süditalien, dann in die USA. Ja, so feine Sachen haben wir dann doch noch machen können.«

Gerade dafür, diese persönliche jahrelange Einschränkung durch Krankheit im Endeffekt von der positiven Seite zu sehen, braucht man viel Kraft. Die Streses haben sie. Ein Paar, bei dem ich einen regelrechten Unwillen sehe, sich von Dingen, die einem das Leben anders liefert als geplant, runterziehen zu lassen und stattdessen umzuplanen, nach anderen Wegen und Regeln zu suchen. Pragmatismus in seiner allerschönsten Spielart, ein Handeln, das stets flexibel bleibt und eben nicht an unveränderliche Prinzipien gebunden ist. Diese beiden schaffen es, sich immer wieder neu einer sich veränderten Situation anzupassen, ohne die Trauer über den Verlust des Gewohnten schwer und ewig hinter sich herzuziehen: Dass man irgendwann nicht mehr richtig laufen kann und sich damit der persönliche Radius dramatisch verkleinert. Dass man irgendwann den geliebten Wagen abgeben muss. Die letzte Reise unternimmt.

Immer wieder Abschiede also. Doch bei diesem Paar ist es immer verbunden mit einem neuen Anfang, den sie gemeinsam anzugehen wissen. Natürlich sind Abschiede und Neubeginne etwas, das jede menschliche Biographie durchzieht. Bei Frieda und Alois Strese spüre ich jedoch nicht diese unterschwellige Traurigkeit und Reserviertheit, die bei manchen Paaren in dem Alter immer ein wenig mitschwingt. Dieses »Wir müssen es so annehmen, leiden innerlich aber darunter«.

Ich muss an den Satz denken, den Frieda Strese häufiger am Tag unserer Begegnung sagt. »Es hat sich eben so ergeben.« Und das betrifft die guten wie auch die schlechten Dinge in sechzig Jahren Beziehung. Strese ist eine schlaue Frau und hätte mit Sicherheit ein grandioses Studium hingelegt. Doch studieren durfte sie nicht. Es war zu teuer, und einen Bruder gab es ja auch noch. »Eigentlich wollte ich zunächst unbedingt Apothekerin werden, meine Mutter war Apothekenhelferin. Damals wurde das noch von der Regierung aus Hildesheim bestimmt, wieviel Auszubildende ein Betrieb bekam. Meine Mutter hat in der Universitätsapotheke in Göttingen gearbeitet, und die wollten mich auch gerne nehmen, aber Hildesheim hat es abgelehnt. Also habe ich Abitur gemacht und wollte Chemie studieren. Doch auch das ging nicht. Meine Mutter sagte, dazu fehle das Geld, und interessanterweise trifft das meinen Mann heute immer noch.« Alois Strese, ein gelernter Kfz-Mechaniker und Industriekaufmann, nickt entschieden. »Ich dagegen habe es komischerweise nie bedauert, sondern alternativ diverse Dinge gemacht, war auf der Dolmetscherschule, habe eine höhere Handelsschule besucht, tippen und Steno gelernt«, erzählt sie.

Als die beiden bereits verheiratet waren, zogen sie von Göttingen nach Solingen, im Rückblick eine der besten Entscheidungen, die sie je getroffen haben. Frieda Streses Mutter habe ihr einfach zu viel in die Beziehung gefunkt, selbst als die Tochter bereits verheiratet war. Eine Freundin riet ihr: »Zwischen einem selbst und der Familie muss die Eisenbahn fahren.« Bewahre dir deine Distanz. Das haben sie und lebten fast vierzig Jahre in Solingen, bevor sie Anfang 2000 nach Göttingen zurückkamen. Alois Strese arbeitete in Solingen als Sachbearbeiter von Unfallschäden für ein großes Versicherungsunternehmen, seine Frau war jahrelang Schulsekretärin, und sie liebte diesen Posten. Wenn das Paar nach Feierabend zu Hause in der Küche saß, wurde erst einmal vom Tag erzählt. »Über seine kaputten Autos und ich über meine Schulkinder und was in der Politik so passiert war. Denn ich hatte einen ganz tollen Chef, der nebenbei noch CDU-Ratsmitglied und Fraktionsvorsitzender war, und so kam ich auch noch mit der Politik von Solingen und Düsseldorf in Berührung. Auch hatte ich unheimlich viel Verantwortung in diesen Jahren, konnte Stunden- und Vertretungspläne erstellen, Arbeiten schreiben lassen. Ich war absolut selbstständig.«

Als Frieda auf ihren späteren Ehemann aufmerksam wurde, waren seine Hände mit im Spiel. Sie fielen der jungen Frau sofort auf. Schön waren sie, gepflegt und besonders. Irgendwie klein. Beide waren beim gleichen Automobilunternehmen angestellt, Frieda Strese war innerhalb kürzester Zeit zur Chefsekretärin befördert worden. »Donnerwetter«, sagt ihr Mann und lehnt sich bei dem Gedanken an die erste Begegnung in seinem Sessel zurück. »Ich habe mit Kollegen Frühstückspause gemacht, und ich packe mein Butterbrot aus, und normalerweise hat Alois wohl nie mit der Gruppe gefrühstückt. An dem Tag, an dem ich neu dazukam, plötzlich schon. Er hat mich lange angeguckt, und ich dachte: Na, das ist ja ein interessanter Mann … und eben mit diesen schönen Händen. Die sind mir wirklich aufgefallen, aber dann hat es noch zwei, drei Jahre gedauert.«

1952 lernten sie sich kennen, 1955 kam die Verlobung, seit 1957 sind die beiden verheiratet. Und natürlich spielte irgendwann das Thema Kinder auch eine Rolle. »Aber die Natur hat bei uns nicht funktioniert. So beschreibe ich das immer, wenn man uns fragt. Ein Kind adoptieren wollten wir beide nicht. Ebenso wenig es künstlich probieren, was ja ohnehin erst ab den späten Siebzigern möglich war«, erzählt Alois Strese. »Und so haben wir gesagt: Ja, es schmerzt, doch wir leben unser Leben nun ohne Kinder, das geht. Wir haben zwei Patenkinder, sehr enge Patenkinder, die wir lieben wie unsere eigenen, und die haben inzwischen auch wieder Kinder, und das sind irgendwie auch unsere Enkel. Im Flur hängen überall die Bilder.«

Auch hier zeigt sich die positive Grundeinstellung: Lass dich darauf ein und arbeite damit. Dass nicht alles immer so geklappt hat wie geplant, dass man dadurch immer wieder einen Plan B herauskramen musste und das bis heute, verleiht der Beziehung etwas selten Frisches. Geprägt von einer unheimlichen Tiefe durch die gemeinsamen, zum Teil belastenden Erlebnisse, zugleich aber auch durch eine seltene Offenheit, die sich etabliert hat durch die vielen Momente, in denen das Paar flexibel sein und einen neuen Weg einschlagen musste und dann zu merken, auch dieser passt zu uns, weil wir beide es sind, die ihn gemeinsam gehen.

In der hellen Wohnung des Paares liegen an vielen Stellen Lupen, um in der Lage zu sein, schnell mal auf das Kleingedruckte des Beipackzettels schauen zu können. Denn vor allem Alois Streses Augen werden nicht besser, das Lesen strengt ihn an. »Wir haben beide immer sehr viel gelesen. Vor allem mein Mann war großer Zeitungsfan.« Stundenlang vertieft in die Politikseiten, die *FAZ* und den *Spiegel* im Abo. »Als ich morgens die Zeitung reinholte, habe ich irgendwann nur noch die dicken Überschriften und gar nicht mehr den Text lesen können. Und lange Leitartikel mit der Lupe oder dem Lesegerät zu überfliegen, bringt absolut nichts. Wir haben nach und nach alles abbestellt. Doch ich habe Ersatz gefunden: Ich höre jetzt immer Radio, die Nachrichten, die Presseschau. Meine Lieblingssendung. Kopfhörer auf und zuhören.« Seine Frau liest abends immer noch gern im Bett, um einschlafen zu können. Ihr Mann lächelt. »Ich kann das logischerweise nicht. Dann liege ich da bei Licht … und murre.«

»Dann murrt er, genau. Ich sage dann immer: Setz doch die Schlafbrille auf.«

»Aber ich kann nicht gut schlafen, wenn daneben das Licht brennt. Trotz Brille.«

Diese Konversation beruhigt mich kolossal. Zu sehen, dass man sich auch mit fast neunzig immer noch wegen Details aus dem Alltag zanken kann. Meine Großeltern stritten ja nie. Davon beeinflusst, empfand ich Streit immer als etwas Unfertiges und folglich als etwas, das in einer »fertigen« Beziehung nach sechzig Jahren nichts mehr zu suchen hat. Doch ich irrte. Dass man mit neunzig noch die Energie aufbringt, sich zu streiten, gibt mir die Hoffnung, dass man mit seiner Arbeit an der gemeinsamen Beziehung nie wirklich fertig ist. Und genau das ist trostspendend, denn muss es sich nicht eigenartig anfühlen, wenn irgendwann alles stimmt an der Beziehung? Meine Großeltern wirkten, als seien sie an einem harmonischen Endpunkt angekommen, doch genau dieser scheinbar perfekte Zustand kam mir manchmal auch surreal und fast unnatürlich vor. Vor allem, wenn ich gerade Stress hatte in meiner Beziehung. »Natürlich läuft nicht alles völlig reibungslos, wenn man so lange verheiratet ist«, sagt Alois Strese. »Wir haben Meinungsverschiedenheiten und Macken. Wenn wir streiten, gibt meine Frau beispielsweise immer ganz freche Antworten, und ich spreche mit lauter Stimme.« Sie relativiert das: »Ja, aber nicht nur mit lauter Stimme, auch der Ton verändert sich. Aber brüllen tust du nicht. Du brüllst mich doch nicht an, das hast du noch nie gemacht.« Er schüttelt dezent mit dem Kopf. »Nein, das Haus soll ja nicht mithören.«

Der dunkle Bücherschrank im Wohnzimmer der Streses ist randvoll mit Büchern zu den verschiedenen Interessensgebieten der beiden, sehr divers und in interessanter Unordnung: Ein Paul-Klee-Katalog neben einem Buch zum

Zweiten Weltkrieg, Publikationen zu Komponisten neben Belletristik, und mittendrin ein Buch über Hitler. »Ich interessiere mich für Geschichte, sehe auch gerne Geschichtsdokus im Fernsehen. Das Buch über Hitler ist natürlich nicht *Mein Kampf*!«, stellt er gleich klar. »Das habe ich noch nie besessen. Meine Eltern hatten das, glaube ich, und haben es irgendwann weggeschmissen.«

Seine Frau nickt. »Meine Eltern hatten das Buch auch, und als die Amerikaner Deutschland besetzten, haben sie es ebenfalls weggeworfen. Bloß schnell weg damit!«

Ihr Mann gibt zu: »Ich würde da ja gerne mal drin lesen, einfach nur um zu gucken, wie wahnsinnig dessen Gedanken waren.« Sie zieht die Augenbrauen hoch: »Ich glaub' es ja wohl! Außerdem kostet das bestimmt einen Haufen Geld.«

»Gibt es das nicht in der Bücherei?«, treibt er diese kleine, bizarre Konversation weiter.

Seine Frau schüttelt heftig den Kopf. »Natürlich nicht!«

Alois Strese war als Junge in der Hitlerjugend »Pimpf« und wurde mit gerade einmal sechzehn Jahren als Flakhelfer in den Krieg geschickt. Es war bereits 1944, und Strese verbrachte Monate in Massenunterkünften, bei Luftangriffen und permanentem Lärm. »Heute schimpfen sie wegen Kindersoldaten in anderen Ländern. Was waren wir? Nichts anderes.« Seine Frau war Jungmädel und fand es entsetzlich. »Dem BDM gehörte ich noch nicht an, Gott sei Dank! Aber ich musste ins Ferienlager, und als ich nach Hause kam, hatte ich Läuse und all das. Immer dieses Aufmarschieren und singen … Ich fand das ganz furchtbar.«

»Sie fand es schrecklich. Ich dagegen war als ›Pimpf‹ voll dabei«, sagt er. Dass er dazu Jahrzehnte später steht, finde ich mutig. Denn niemand, der in der Zeit gelebt hat, redet gern darüber, dass er, wenn auch als Kind, auf der falschen Seite stand. »Natürlich habe ich viel mit meiner Frau darüber gesprochen, und natürlich denke ich heute sehr viel anders darüber. Ich war ein Kind, und Hitler war ein Schwerstverbrecher.«

Die beiden erinnern mich in manchen Aspekten immer wieder an meine Großeltern, kritisch denkend und elegant. Meine Oma stets in Rock und mit viel Schmuck. Mein Großvater selbst zu Hause mit Einstecktuch und Doppelreiher. Doch die Anzüge wurden ihm in den letzten Jahren zu groß, und auf den perfekten Hemden landeten immer häufiger Flecken, vom Tee, von verkleckerter Suppe. Und es ärgerte ihn bis zum Schluss, als er die Kraft nicht mehr hatte, sie selbst herauszuwaschen. Bei den Streses wird über das Thema Flecken noch lebhafter diskutiert. »Wenn ich zum Beispiel kleckere, und beim Mittagessen kleckere ich oft, dann kriege ich das am Tag dreimal zu hören: Da ist ein Fleck. Und dann meckere ich irgendwann zurück. Manche Männer tragen ja auch so einen Kleckerschutz über ihrem Hemd.«

Seine Frau verdreht die Augen. »Um Himmels willen, da bekleckerst du dich bitte lieber, bevor du diese Dinger trägst! Ein tolles Hemd mit Fleck vom Dinner ist eben immer noch attraktiver und stilsicherer als ein fleckenloses Exemplar, über dem man als erwachsener Mann ein Lätzchen trägt.« Wie mein Großvater hat Alois Strese sein ganzes Berufsleben lang Hemden getragen. Wenn er sich eine Krawatte umbindet, fragt er heute seine Frau, welche es sein soll. »Mein Mann ist der englische Typ, normalerweise hat er gerne Tweedjacken an oder einen leichten Spenzer. Er hat mit den Jahren schon ein bisschen zugenommen. Doch mit Kleidung kann man sehr viel aus sich machen«, findet Frieda Strese, die gut Reden hat mit ihrer schlanken, fast jugendlichen Figur. Alois Strese, der alles andere als übergewichtig ist, lächelt, die Bemerkung seiner Frau ist bei ihm angekommen. Doch, und das ist wohl die Kunst, kommt sie bei ihm nicht als negative Wertung an. »Stimmt, ich war schon immer ein großer Kuchenfreund.« Sonntags trägt ihr Mann gern Blazer, sie besitzt viele Kostüme in leuchtenden Farben. »Nur Kleider besitze ich nicht. Ich sehe im Kleid schlimm aus.«

Je länger wir über Etikette, Anzüge und Krawatten sprechen, desto mehr bemerke ich bei ihrem Mann eine gewisse Unruhe. »Ich würde sehr gerne meine Krawatte abmachen und den obersten Knopf am Hemd lösen.«

»Oh, nein!«

»Doch, warum nicht?«

»Okay, aber das Hemd brauchst du doch nicht auch noch aufzuknöpfen, lass doch zu!«

»Aber das befreit mich!«

»Lass doch zu.«

»Und diese ganzen albernen Knöpfe hier, das gab's früher alles nicht.«

»Das sieht doch hübsch aus. Er weigert sich immer, die Button-down-Hemden anzuziehen, da werden die Spitzen ja an die Hemdbrust angeknöpft. Total schick!«

Ich habe größten Respekt vor der Disziplin, der sich dieses Paar Tag für Tag immer noch unterwirft. Obwohl man insgeheim vielleicht ab und zu einfach ausbrechen will. Im Jogger auf der Ledercouch sitzen. Die Großeltern meiner Freundin hatten von einem auf den anderen Tag plötzlich absolut keinen Nerv mehr zu putzen. Und haben es einfach gelassen. Ich kann das verstehen und frage mich, wie es erst bei alleinstehenden Älteren sein muss, wo im Grunde nur noch man selbst darum bittet, sich zusammenzureißen. Diese verinnerlichte Disziplin besaßen auch meine Großeltern noch sehr lange. Dann, wenn sie 95-jährig immer noch die Zuckerzange zum Tee benutzten und an der Tageszeitung tapfer einen ganzen Tag lang lasen. Diese innere Kraft, sich im hohen Alter nach wie vor aufzuraffen, während einem zugleich die Kräfte schwinden, kann man natürlich am besten aufbringen, wenn man sich gegenseitig motivieren und helfen kann.»Das können ganz banale Angelegenheiten sein, bei denen man den anderen braucht. Wer zieht mir meine Kompressionsstrümpfe aus, wenn ich es einfach kräftemäßig nicht schaffe? Mein Mann tut es. Ist man allein, braucht man für alles und jedes die Hilfe einer Pflegekraft.«

Fast alle Paare, die ich besucht habe, sagen, dass sie im anderen immer noch den jungen Mann, die junge Frau von früher sehen. Im Lachen, in den Augen. »Das könnte ich eigentlich nicht sagen. Ich sehe tatsächlich immer nur die Gegenwart. Und wir beide sehen uns ja täglich die ganze Zeit«, widerspricht Alois Strese. Seine Frau nickt: »Und ich finde, wir können zufrieden sein. Es gibt definitiv Hässlichere und Gammeligere.« Ich lache unkontrolliert los. Grandiose Selbsteinschätzung.

Bei der Frage über die Treue reagiert gerade sie erstaunlich leger. »Mein Mann war ja durch seinen Beruf viel unterwegs, er hätte das also ausnutzen können ohne Ende, ich hätte das nie gemerkt.«

»Habe ich aber nicht«, sagt er mit souveräner Trockenheit. »Das Ganze war für uns beide nie ein Thema. Natürlich sehen wir um uns herum gerade in den letzten Jahren viele Witwen und Witwer, die sich zusammentun. Aber interessante Männer sind auch wirklich selten«, stellt sie fest.

Ihr pragmatischer Umgang mit Veränderung, die Offenheit für Veränderung und damit auch das Akzeptieren, dass man als Paar älter wird, durchzieht in der Beziehung dieses Paares alles. Selbst die Liebe an sich. Der Satz »Ich liebe dich« fällt nicht mehr. »Ach, nach sechzig Jahren … da sagen wir uns das nicht mehr. Es sind jetzt andere Dinge.«

Er betrachtet seine Frau. »Das stimmt. Wie er mich inzwischen ansieht, sein Blick. Das ist heute entscheidender. Man nähert sich als langjähriges Paar so merkwürdig an, das ist manchmal richtig unheimlich, wie sehr man in der gleichen Richtung denkt. Man bräuchte eigentlich gar keine vielen Worte mehr.«

Ihr Mann verrät seine Form des »Ich liebe dich«: »Jeden Abend, wenn wir im Bett liegen, fasse ich links rüber, da liegt ihre Hand. Die greife ich, ein kurzer Druck. Das ist wichtig.«

Seine Frau bricht diesen intimen Moment mit ihrem Humor wieder auf. Sie habe zu diesem Valentinstag keine Blumen bekommen, sagt Frieda Strese in enttäuschtem Ton, um direkt danach klarzustellen, wie komplett überflüssig und albern sie diesen Tag und alle damit verbundenen Gesten findet. Der Hochzeitstag allerdings sei etwas anderes. Da freue sie sich jedes Mal über die Rosen, die er ihr mitbringt. »Immer diese langen Baccararosen. Irgendwann habe ich gesagt: ›Weißt du was, geh' doch bitte zu Moosrosen über. Die sind ebenfalls wunderschön, um einiges günstiger, und ich habe nicht immer das Theater mit diesen langen Stielen.‹« Pragmatisch sein heißt bei den Streses nicht, unromantisch sein. »Unsere silberne Hochzeit haben wir gar nicht weiter beachtet«, sagt sie.

»Stimmt. Wir hatten keine Kinder, und uns war nicht nach Feiern im großen Familienkreis zumute. Es gab also nicht wirklich eine Verpflichtung. Also haben wir die Feier sausen lassen und uns stattdessen einen Opel Kapitän gekauft.« Ein geschwungener Oldtimer, der 1938 das erste Mal bei Opel als Luxus-Reisewagen vom Band lief. In so einem Opel Kapitän saßen beide fünfundzwanzig Jahre zuvor bereits am Tag ihrer Hochzeit. In hellblau und mit Fahrer.

Inzwischen feiern sie keine großen rauschenden Feste mehr. Auch an Weihnachten bleiben die beiden in ihrer Wohnung. Als Alois Strese sich noch besser bewegen konnte, fuhren sie immer zur Verwandtschaft. »Ich bin jetzt einfach müde«, sagt er leise. »Ich schiebe das auch auf das Alter. Mit neunzig lässt alles ein bisschen nach.«

Kürzlich empfingen beide eine heilige Krankensalbung. »Es wurde gebetet und gesalbt, damit man als Kranker wieder zu Kräften kommt. Das hat uns sehr gut getan.«

Wie tief die bedingungslose Verbundenheit bei diesen beiden sitzt, erlebe ich, als er sich, ganz alte Schule, trotz seiner schlimmen Schmerzen in den Knien wieder erheben und mich verabschieden will und beim Aufstehen merkt, dass er falsch hochgekommen ist und nun hilflos in der gekrümmten Haltung festhängt. »Drück deine Knie durch, Alois! Drück sie schön durch!«, ruft seine Frau alarmiert und hält mit aller Kraft seinen Arm fest. Die Beine zittern und wackeln, als habe er sie gar nicht mehr unter Kontrolle. Dieser Moment dauert gefühlt endlos, und ich empfinde Traurigkeit und Scham. Es muss diesem tollen Mann unangenehm sein, dass ich als Fremde mit ansehe, wie hilflos er in diesem Moment ist. Dass er Schmerzen hat. Doch das Gegenteil ist der Fall. Es geht weder um Scham noch um Traurigkeit. Diese beiden sind so sehr aufeinander konzentriert, dass meine Anwesenheit gar keine Rolle mehr spielt. Eher spüre ich, wieviel Kraft in dieser scheinbar quälenden Szene steckt. Denn das, was da vor mir geschieht, genau das ist sie wohl, die Liebe. Klare, bedingungslose Liebe, die bleibt, wenn alles von einem abfällt, alle Masken und Etiketten und man sich in einer Situation befindet, in der nichts in Ordnung ist. Wenn der eine die Contenance verliert und der andere ihn auffängt. Hier sitzt die Liebe seelenruhig an einem frühen Abend mitten im Wohnzimmer eines fast neunzigjährigen Paares, das sich vorgenommen hat, bis zum Schluss füreinander da zu sein. Mit allem Drum und Dran. Als wir wenige Minuten später schließlich alle drei an der Wohnungstür stehen, schauen mich beide lächelnd an. »Bei all dem können wir beide tatsächlich sagen, dass es immer besser wird. Ja, ernsthaft!«

*Name geändert.

10

Hanım und Ali Güler

ZIEMLICH BESTE FREUNDE

Wo du nicht bist kann ich nicht sein
Ich möchte gar nichts andres ausprobieren
Wir sind wie alle andern denn wir möchten heim
Es ist fast nie zu spät es zu kapieren
Heinz Rudolph Kunze, »Dein ist mein ganzes Herz«

Ali Güler war acht, als Hanım geboren wurde. Und zu diesem Zeitpunkt war bereits entschieden, dass Ali dieses kleine Mädchen eines Tages heiraten würde. Die Familie hatte diesen Entschluss gefasst, und achtzehn Jahre später wurden die beiden, wie geplant, Mann und Frau.

Ali, ein kleiner Junge mit sanften braunen Augen und dichten, fast krausen schwarzen Haaren, hatte bereits eine frühtraumatische Erfahrung hinter sich. Er war gerade ein Jahr alt, als sein Vater starb. Und Alis Großvater, der Vater seiner Mutter, traf mit dem Tod des Schwiegersohns eine folgenschwere Entscheidung: Er wollte seine Tochter abgesichert sehen und veranlasste ihre erneute Heirat mit einem etwas wohlhabenderen, älteren Mann. Doch sie durfte ihre jetzigen Kinder, Ali und dessen ältere Schwester, in die neue Ehe nicht mitnehmen. Ein unvorstellbarer Schmerz. Die

Mutter musste ihre beiden Kinder verlassen und gab sie in die Obhut einer verwandten Familie, die sie aufnahm und mit großzog. Die Familie von Hanım.

Der Geburtsort der beiden liegt in der südlichen Zentraltürkei, in einem Dorf im Landkreis Elbistan, auf 1150 Metern Höhe und umgeben vom gigantischen Taurusgebirge, in dem die Natur die Felsen bearbeitet hat wie ein durchgedrehter Baumeister. In dieser Region leben viele kurdische Aleviten und vor allem in den sechziger und siebziger Jahren wanderten viele von ihnen als Gastarbeiter oder politisch Verfolgte nach Europa aus. Auch die Gülers leben seit fast fünfzig Jahren nicht mehr dort, sondern rund 3200 Kilometer weiter westlich, inmitten der Schwäbischen Alb. Auf eine Art haben die beiden hier in den deutschen Bergen das Gleiche gesucht und gefunden, was sie in den siebziger Jahren in der Türkei verlassen haben. Ein ruhiges Plätzchen für die Großfamilie mit sieben Kindern. Es sind allesamt Mädchen, zwei von ihnen wurden noch in der Türkei geboren, doch alle wuchsen sie auf der Schwäbischen Alb auf. Das große hellrosa Wohnhaus der Gülers kommt mit seinem einladenden roten Ziegeldach und perfekt getrimmten Büschen im Vorgarten dermaßen überzeugend lokal und schwäbisch daher, dass ihnen die AfD kürzlich einen Parteiflyer in den Briefkasten steckte. Die beiden kichern beim Gedanken daran, dass die AfD hinter der Eingangstür alles erwartet, nur sicherlich kein Paar mit kurdischen Wurzeln. Ihr Haus steht inmitten einer Wohnsiedlung mit geschwungenen Straßen auf einem Hügel. Die Garage ist so breit, dass die zwei polierten Wagen bequem darin Platz haben, alles ist gefliest und derart sauber, dass man dort wahrscheinlich sogar unbekümmert vom Boden frühstücken könnte. Im Wohnzimmer ist das Parkett so blank, dass sich die Möbel darin spiegeln.

Ali, 1940 geboren, arbeitete fast dreißig Jahre lang für Baufirmen als Schreiner und spricht ein leicht gebrochenes gutes Deutsch. Ein kleiner Mann mit warmen dunklen Augen, um die sich eigentlich permanent Lachfalten kräuseln. Wenn er spricht, klingt seine Stimme hell und ein wenig heiser. Seine Frau Hanım versteht alles, wenn man deutsch mit ihr spricht, doch hat sie die Scheu, einfach loszusprechen, nie wirklich abgelegt. Denn im Gegensatz zu ihrem Mann, der im Job deutsch reden musste, war der Mittelpunkt des Lebens der Neunundsechzigjährigen die Familie, die sieben Töchter, mit denen sie Türkisch sprach. Untereinander unterhalten die beiden sich auf Kurdisch.

»Wir verstehen es zwar, aber sie sprechen es nur untereinander, es ist ›ihre‹ Sprache, in der sie sich am besten verstehen«, erklärt eine Tochter, die zufällig am Tag meines Besuchs mit ihrer Schwester ebenfalls bei den Eltern am Küchentisch sitzt. Die Scheu der Mutter zu sprechen, hat vielleicht nicht zuletzt auch mit der eigenen Vergangenheit zu tun. Denn Mädchen gingen im türkischen Dorf während ihrer Kindheit selten in die Schule. Und so lernte Hanım nie lesen und schreiben. Eine Tatsache, die man ihr nicht anmerken würde, denn wenn sie türkisch spricht, ist sie schnell und schlagfertig.

Obernheim in der Schwäbischen Alb, der Ort, in dem die beiden seit bald fünfzig Jahren leben, liegt auf dem Berg, eingebettet zwischen sich sanft wölbenden grünen Hügeln und traditionellen Häusern mit Satteldächern. Es gibt einen am Hang gelegenen Sportplatz und einen Motocross-Parcours, wegen dem angeblich Fahrer aus ganz Deutschland in die Gegend kommen. »Und doch gehen die jungen Leute alle weg …«, sagt der 77-Jährige mit trauriger Stimme und meint damit nicht zuletzt auch seine eigenen Töchter, von denen nur zwei, die beiden ältesten, geblieben sind. Die restlichen fünf Frauen haben allesamt den Heimatort verlassen, nichts wie weg aus der idyllischen Enge, und leben jetzt in Berlin, Stuttgart und Frankfurt.

Sieben Töchter. Klingt fast wie im Märchen. Und tatsächlich ergab sich diese Zahl aus dem Warten auf den erhofften Sohn. Doch es blieb bei sieben Frauen, und jede von ihnen ist mit einem überaus guten Selbstbewusstsein ausgestattet. »So viele Töchter sind normal«, sagt Hanım und macht eine lässige Handbewegung, als sei das damit verbundene sieben Mal schwanger sein ein Kinderspiel gewesen. »Nicht normal ist, dass sie noch nicht alle verheiratet sind!« Ein strenger, kurzer Blick, ein Moment Stille, dann lautes Lachen der zwei anwesenden Töchter. Wenn es nach ihrer Mutter ginge, wären sie alle längst verheiratet, hätten gute Jobs und Kinder und wohnten nicht so weit weg. Aber auch sie habe gemerkt, dass man nicht alles haben könne, schiebt Hanım gleich hinterher.

»Unsere Eltern haben uns mit diesen Wünschen natürlich nie so sehr gestresst, dass wir irgendwann nicht mehr hätten kommen wollen. Im Endeffekt sind sie sehr tolerant«, lobt die älteste Tochter und zwinkert ihrer Mutter zu.

Als Hanım im Alter von achtzehn Jahren den Mann heiratete, den sie seit Beginn ihres Lebens kannte, saß sie als Braut auf dem Rücken eines Pferdes. »Es war der 9. Januar 1964, und das Pferd war schneeweiß«, erinnert sich Ali. Er musste als Bräutigam auf das Dach steigen, um seine ankommende Zukünftige schon aus der Entfernung sehen zu können. Und doch war diese Art der Ankunft eine Besonderheit. Denn normalerweise sah es die Tradition auf den Dörfern vor, dass die Braut »überreicht« wurde, indem sie von ihrem Elternhaus aus mit dem Pferd zum Haus des Zukünftigen ritt. Da Braut und Bräutigam in diesem Fall das Elternhaus bereits seit Jahren teilten, wurde Hanım feierlich durch den Ort geführt und schließlich wieder zurück zu ihrem gemeinsamen Haus. Sie trug einen traditionell gebundenen Brautschleier und war eingehüllt in Lagen aus schönen Kleidern, die sie von den Verwandten geschenkt bekommen und nun, als Zeichen von Dankbarkeit, alle übereinander gezogen hatte. Je unförmiger eine Braut aussah, komplett bedeckt mit geschenkten Kleidern, desto prächtiger wirkte sie.

»Schon einige Jahre nach unserer Hochzeit begannen Bräute auch in dörflichen Gegenden, weiße Hochzeitskleider zu tragen«, sagt Hanım. »Aber zu unserer Zeit trug man eben noch die vielen Kleider übereinander.«

Die symbolische Ankunft auf dem Pferd war der Höhepunkt eines drei Tage andauernden Festes mit Musik und Tanz, Bohnen, Bulgur, zwei geschlachteten Lämmern und unzähligen Freunden und Verwandten, die Geschenke und Delikatessen mitbrachten. Selbst wenn eine Familie kein Geld hatte, sparte man für die Hochzeit mehr oder weniger sein halbes Leben lang. Beim feierlichen Tanz fassten die beiden sich das erste Mal als zwei Erwachsene bewusst und vor den Augen aller an den Händen. Und natürlich habe sie geweint, sagt Hanım.

Am Tag meines Besuches trägt sie schwarz, es gab im Bekanntenkreis kürzlich einen Trauerfall. Sie trägt ohnehin viel schwarz, denn ab einem gewissen Alter ereignen sich

Trauerfälle so regelmäßig, dass man aus dem Schwarztragen kaum noch herauskommt. Hanım ist eine ruhige Frau mit hohen Wangenknochen, ernsten schwarzen Augen und dunkler Stimme. Sie kann reden, ohne dabei die Zähne auseinanderzumachen. Und im Gegensatz zu ihrem Mann, der erzählen, sich erinnern möchte an die Zeit in der Türkei, den folgenschweren Umzug nach Deutschland, wirkt seine Frau zu Beginn unseres Gesprächs zurückhaltend. Ich kann in ihrem leicht reservierten Blick zunächst nicht lesen, ob sie über all diese Themen gerne oder gar nicht reden möchte. Sobald sie sich allerdings beteiligt – im Verlauf des Tages immer lebhafter – hören die beiden anwesenden Töchter gebannt zu, bevor sie jedes Mal in schallendes Gelächter ausbrechen. Und ich verstehe irgendwann, dass hinter Hanıms gänzlich unaufgeregten Art ein knochentrockener Humor sitzt.

Das unfassbare Glück dieser beiden, die nie gefragt wurden, ob sie ein Paar werden wollen, ist die Tatsache, dass sie sich extrem gut verstehen. Immer gut verstanden haben. Das verraten mir ihre Töchter, die für mich an dem Tag so etwas sind wie die Übersetzerinnen des Nichtausgesprochenen. Doch je länger ich mit den beiden Eheleuten am Küchentisch sitze, das eingelegte Gemüse esse und Tee trinke, desto mehr spüre ich ohne große Erläuterung ihre liebevolle nonverbale Kommunikation. Die ruhige Zufriedenheit, mit der sie seit über fünf Jahrzehnten ihr Leben teilen.

Doch wie wird man groß mit dem Gedanken, dass der Spielgefährte eines Tages auch der Ehemann/die Ehefrau sein wird? »Es war eben üblich so, und man stellte es nicht groß in Frage. So war die Tradition«, sagt Ali.

Als beide klein waren, gingen diese schweren Gedanken

noch im gemeinsamen kindlichen Spiel unter. Doch als sie heranwuchsen, wuchs auch die Scham. Zwei junge Menschen, zur Zurückhaltung erzogen unter den Augen der Erwachsenen. »In der Zeit ist man sich schon eher aus dem Weg gegangen, nicht zuletzt auch, weil es einfach gesellschaftlich nicht akzeptiert wurde, dass junge unverheiratete Frauen und Männer miteinander Zeit verbrachten.«

Im Laufe unseres Gesprächs bemerke ich, wie vor allem ihre Züge immer weicher werden, das zu Anfang fest auf dem Kopf verknotete Tuch wird abgenommen, und zum Vorschein kommt ein dicker Zopf weicher schöner dunkelgrauer Haare. Ali und Hanım geben zu, dass sich mit dem Schritt zur Ehe, der ja nie ihre eigene Entscheidung gewesen ist, eigentlich nicht groß etwas änderte. Nun waren sie Mann und Frau, doch sie kannten sich bereits seit fast zwanzig Jahren. Aber jetzt durften sie plötzlich offen und stundenlang miteinander reden. »Wirklich neue Entdeckungen über den anderen gab es dennoch nicht«, sagt Hanım nüchtern. Etwas, das ich mir kaum vorstellen kann. Denn auch wenn sie seit ihrer Kindheit unter einem Dach lebten, tauschte man sich doch ab einem gewissen Alter über bestimmte Dinge und Gefühle so gut wie gar nicht mehr aus. Wie konnte man sich da richtig kennenlernen? Sie lächelt. »Vordergründig und nach außen hin ging man sich aus dem Weg. Doch natürlich trafen und unterhielten wir uns heimlich. Niemals in der Öffentlichkeit, dann hätte es gleich strenge Blicke gegeben. Das machte man in der damaligen Gesellschaft einfach nicht. Heimlich geredet haben wir aber schon.«

Die beiden beginnen, nach und nach zu erzählen, was sie damals wirklich bewegt hat, und es ist ein zarter, besonderer Moment. »Ich fand ihn natürlich sehr ansehnlich«, sagt Hanım und zeigt ein verstecktes Lächeln. »Und man sagte mir, dass er ein begehrter Junggeselle sei. Eine gute Partie also.«

Die anwesenden Töchter schweigen und grinsen. Solche Details waren auch ihnen bisher neu. Und natürlich würden sie diese Geschichten gerne öfter hören. Liegen manchen Paaren, die ich getroffen habe, die Herzen regelrecht auf den Zungen, haben diese beiden sich in den vergangenen Jahrzehnten in Diskretion beim Sprechen über die eigenen Gefühle sehr gut geübt. »Es war etwas, was wir nie gelernt haben, offen auszuleben.«

Ende der sechziger Jahre, das junge Paar hatte bereits zwei kleine Töchter, entschieden die Gülers sich zu dem wichtigsten und konsequentesten Schritt in ihrem Leben: Sie wollten es wagen, aus dem eigenen Land wegzugehen und in der Fremde neu zu beginnen. Dabei hatten beide zu diesem Zeitpunkt ihre Region in der südlichen Zentraltürkei noch nie wirklich verlassen.

Mit der Entscheidung begann zunächst vor allem für Ali eine bürokratische Odyssee aus Vorsprechen und Warten. Man trug sich in eine Liste auf dem Amt ein, wenn man als Gastarbeiter ins Ausland gehen wollte. Ali schrieb auf den Zettel »Deutschland«. »Wir wollten nach Deutschland, denn wir hörten, dass es dort viel zu tun gab, viel Arbeit.« Nach der Eintragung in die Liste vergingen fast drei Jahre, ehe das Paar einen Brief erhielt, dieses Mal mit einer Einladung nach Istanbul ins Deutsche Konsulat. »Dort angekommen, wurden ich und andere Männer genau untersucht. Gesundheitschecks, sogar die Zähne wurden kontrolliert, ob die gut und komplett waren. Man wollte gucken, ob wir fit genug waren, um in Deutschland arbeiten zu können.«

Es vergingen noch einmal mehrere Monate, ehe Ali das erste Mal nach Deutschland reisen konnte. Ein Jahr in Augsburg arbeiten, so war die Ansage. Er und weitere junge Männer aus verschiedenen Teilen der Türkei landeten mit dem Flieger in München. Am Augsburger Hauptbahnhof angekommen, mussten sie warten und wurden eingeteilt. »1970 begann ich meine Arbeit bei der Gemeinde. Straßenarbeiten, Straßenkehren.« Über ein langes Jahr, in dem er seine Familie – seine Frau und die zwei kleinen Kinder – kein einziges Mal sah. Und für häufiges Telefonieren war kein Geld da. Ein Bekannter der Familie hatte sich bereits einige Jahre zuvor in Süddeutschland niedergelassen, mitten auf der Schwäbischen Alb. »Er rief mich an und sagte, ich solle nach meinem Jahr in Augsburg mit der Familie unbedingt herkommen, hier sei es schön ruhig und es gebe Arbeit in einer Fertigbaufirma.« Der Bekannte, der auf den frühen, rotstichigen Farbfotos in den Alben der Gülers immer ein bisschen wie der Chef der Truppe rüberkommt, war auch der Erste von ihnen, der damals mit einem deutschen Opel in dem türkischen Dorf vorfuhr, um vor den offenen Mündern der Nachbarn seine Familie abzuholen. Der langfristige Plan war, gemeinsam mit weiteren Familien, die sich noch aus der Türkei kannten, in das Örtchen zu ziehen, von dem der »Chef« so schwärmte. Denn im Grunde war es rein topographisch dem alten zu Hause gar nicht so unähnlich: sehr ruhig, sehr landwirtschaftlich-handwerklich geprägt, mit Schafen und Ziegen auf den hügeligen Wiesen. So zogen nach und nach insgesamt sechs Familien in dasselbe schwäbische Dorf, um dort gemeinsam ihren Alltag in der Fremde zu begehen. Und natürlich fielen sie auf. »Wir wurden schief angeschaut, wir waren die ›Ausländer‹. Den Einheimischen war alles fremd, selbst Wassermelonen hatten sie noch nie gegessen«, erinnert sich Ali. Jetzt kann er darüber lächeln, und wenn er mit seinem grauen Hut heute durch die Straßen geht, wird er von den Nachbarn freundlich im breiten Schwäbisch gegrüßt.

Noch in den frühen Siebzigern erlebte er hier alltäglichen Rassismus. Von den unfreundlichen Blicken bis zur offen ausgestrahlten Antipathie der Hausbesitzerin, bei der er zu Beginn eine winzige, schmucklose Bleibe bezog. »Sie hat nur geschimpft und wollte uns Fremde eigentlich nicht haben. Wir zahlten pünktlich unsere Miete, waren total korrekt, doch das interessierte sie nicht. Sie wollte ein Feindbild haben«, so schätzt er es heute ein.

Er hielt durch, arbeitete wie verrückt im lokalen Fertigbauunternehmen. Hanım und ihre Töchter waren in der Türkei und warteten. Ihre Mutter war skeptisch: Die Männer gehen alle nach Deutschland und holen euch am Ende doch nicht nach, sondern heiraten deutsche Frauen!

Nicht Ali. Er wartete, denn im November 1971 fuhr der »Chef« mit seinem Opel zurück in das türkische Dorf, um Hanım und die beiden Kinder samt seiner eigenen Familie abzuholen. »Es war ein wundervoller Moment«, erinnert Ali sich und legt ein schweres Fotoalbum auf den Tisch. Hinter ihm geht der Blick aus dem großen Küchenfenster in ein Panorama aus Grün und Einfamilienhäusern. Perfekt wie in einem schamlos nachbearbeiteten Landlust-Kalender. Ali blättert vorsichtig die Seiten des Albums um, von ihrer Hochzeit selbst haben die Gülers kein einziges Foto, kaum jemand hatte damals eine Kamera. Doch umso mehr Bilder gibt es aus ihren ersten Jahren in Deutschland. Mittendrin klebt dann doch ein Foto aus der Türkei, ein Studiofoto von Hanım und den zwei Töchtern, die kleinen

Mädchen schauen mit großen, fast erschrockenen Augen in die Kamera. Es war eines der ersten Fotos, das von ihnen bewusst gemacht wurde. Mit der Entscheidung des Paares, in Deutschland nach Perspektiven und Arbeit zu suchen, begannen für die Familie Güler plötzlich viele erste Male. Wie das Fahren in einem Auto. Mutter und Kinder hatten bis dato noch nie für eine längere Strecke in einem Wagen gesessen, nun traten sie die längste Reise ihres Lebens an, sie dauerte sieben Tage und führte durch Länder wie Bulgarien und Österreich. Die junge Familie ließ ihr Land hinter sich und schaute aus dem Fenster in Richtung Neuanfang. Mit starrem Blick, denn Mutter und Kindern war permanent übel. »Es war eine schreckliche Autofahrt … aus der tiefsten Türkei ins tiefste Schwabenland«, erinnert sich Hanım und schüttelt bei dem Gedanken mit dem Kopf.

In den ersten Wochen hätte sie eigentlich am liebsten nur geheult und wollte zurück. Was haben wir nur für einen Fehler begangen! »Ich hatte unfassbares Heimweh.« Sie verstand die Sprache nicht, und alles, was sie kannte, gab es hier nicht. Und nichts, was sie zubereitete, schmeckte vertraut. Das Tomatenmark war zuckersüß, denn es war Ketchup. Das Gemüse, das sie stets zubereitet hatte, gab es nirgends, und als sie die Schränke in der kleinen Wohnung ihres Mannes öffnete, befanden sich dort gerade einmal zwei Töpfe. Wie sollte sie hier den Haushalt schmeißen? Ohne anständiges Gemüse, ohne die richtigen Gewürze und Utensilien zum Kochen. Ein paar Jahre später gab es immerhin einen türkischen Laden in der Gegend, der nebenher noch türkische VHS-Kassetten verlieh. »Die kannten wir irgendwann alle in- und auswendig«, erinnern sich die Töchter.

Das Paar blieb, gemeinsam mit den anderen türkischen

Familien, und machte die fremde Umgebung mit den Jahren zu ihrer eigenen. »Meine Frau spricht ja kaum Deutsch, doch die Leute im Ort haben ihr immer sehr geholfen, wenn ich auf Montage war. Man hat sich zwar mit Händen und Füßen verständigt, aber es ging, spätestens als die ersten Töchter alt genug waren, um zu helfen.«

An warmen Tagen wurden auf den vielen Wiesen mit mehreren Familien ausgedehnte Picknicks veranstaltet. Mit Köfte, Wassermelone, gepflücktem Sauerampfer, gegrilltem Lamm und reichlich selbstgebackenem Fladenbrot.

Die älteste Schwester hat einen warmen Käsekuchen auf den Küchentisch gestellt. Innerhalb des kleinen Ortes ist sie mit ihren Eltern und den Geschwistern schon diverse Male umgezogen, die Gülers waren mit den Jahren bestens im Ort bekannt. Sie waren das Paar, bei dem die vielen Kinder immer an den Armen des Papas hingen. »Er fiel in seiner Rolle als Mann und Vater auf, weil die Töchter immer bei ihm waren. Wenn ich es mir so überlege, war es schon immer eher er, der sich um die Kinder gekümmert hat. Vor allem, wenn es um die Zeit mit ihnen ging, das Spielen«, gibt seine Frau offen zu. »Alle sieben sind extreme Papakinder.«

Wenn die Familie in der Türkei zu Besuch war, wurde das moderne Rollenbild der Gülers mit hochgezogenen Augenbrauen quittiert. »Bei uns war alles ein wenig anders«, sagen die Töchter mit zufriedener Stimme.

Mit der wachsenden Kinderzahl zogen die Gülers irgendwann in ein schönes ehemaliges Schwesternhaus, vermietet durch den Pfarrer. »Wir wurden auf der Straße angesprochen: ›Grüß Gott, gehört ihr ins Schwesternhaus?‹ Und wir nickten natürlich, weil wir dachten, die Leute meinten Schwesternhaus, eben weil wir so viele Schwestern waren.«

Hier lebten sie achtzehn Jahre lang, Ali arbeitete ununterbrochen als Schreiner in einer weiteren Baufirma und sparte,
denn auch er träumte von dem, was man klischeehaft allen Schwaben unterstellt: das eigene Häusle bauen. »Unsere
Mutter war fleißig, aber unser Papa war oberfleißig!«

Ende der neunziger Jahre zog die Familie ein letztes Mal
innerhalb des Ortes um. Und manchmal bereut vor allem
Ali es ein wenig, dass sie diesen großen Schritt zum eigenen
Heim nicht in einer größeren Stadt wie Stuttgart gewagt
haben. Denn nach und nach begann die türkische Gemein-
schaft in ihrer Umgebung auseinanderzufallen. Die vielen
schönen Abende, an denen die Eltern noch schnell auf einen
Tee zu den Freunden rübergingen, während die Kinder
schliefen. Oder die Freunde, die regelmäßig bei ihnen im
Wohnzimmer saßen. Manche von ihnen gingen schließlich
doch wieder zurück in die Türkei, andere verstarben, oder
man verstand sich einfach nicht mehr. Und irgendwann war
der Großteil der eigenen Kinder ebenfalls ausgezogen. »Es
wurden immer weniger Leute zum Reden«, sagt Hanım
nüchtern. »Bei meinen Kindern dachte ich: Warum ist das
so schnell passiert, dass jetzt alle weg sind? Wo ist die Zeit
geblieben? Sie hätten ja nicht alle im Haus bleiben müssen,
aber warum mussten gleich alle so weit wegziehen? Aber ich
habe dann gemerkt, dass das ganz viele Kinder in anderen
Familien auch so machen und habe es akzeptiert.«

Vor allem Ali geht seit Jahren jeden Tag mehrmals spazieren.
Vom Haus aus sind es keine zwei Minuten und er steht
am Feldweg und guckt an klaren Tagen bis an eine weit
entfernte Bergkette, bei der in Fantasyfilmen bedeutungs-
schwanger verkünden würde: In drei Tagesmärschen können
wir dort sein! Ali geht gerne ein Stündchen und das immer

querfeldein. Das Gleiche macht er in der Türkei, wo sie inzwischen fast drei Monate im Jahr verbringen. Unweit ihres Heimatdorfes hat Ali in den achtziger Jahren gemeinsam mit einem Verwandten ein Haus gebaut.

Die Zerrissenheit, die viele Gastarbeiter verspüren, da sie in keinem ihrer beiden Länder wirklich zu Hause sind, haben die beiden erst relativ spät bemerkt. Doch sie kennen sie. Freunde und Bekannte aus dem türkischen Dorf sind in die Großstadt gezogen, die alten Netzwerke gab es irgendwann kaum noch. »Wenn wir jetzt dort sind, kennen die Jungen uns gar nicht mehr«, sagt Ali leise, und seine Frau ergänzt: »In den letzten Jahren sprechen wir oft darüber, ob es wohl besser gewesen wäre, wenn wir damals in der Türkei geblieben wären.« Sie seufzt und denkt gar nicht daran, es zu unterdrücken. Einige von denen, die damals zurückgeblieben sind, konnten inzwischen in der Türkei ihren Weg machen und Geld verdienen. Etwas, was die beiden sich natürlich auch gewünscht hätten: in der Türkei in der Lage zu sein, Arbeit zu finden und eine große Familie zu versorgen. »Aber das war zumindest damals nicht abzusehen, denn es gab ja nichts.«

Aus diesem Nichts haben die beiden eine enorme Erfolgsstory gemacht. Mit großem Haus mitten in Baden-Württemberg und sieben Töchtern, die überall in Deutschland verteilt arbeiten – als Künstlerin, Museumspädagogin oder Juristin. Und wenn einer von beiden einen runden Geburtstag hat oder sie Goldene Hochzeit feiern, kommt der örtliche Bürgermeister vorbei und isst mit den Gülers Kuchen. Ali zeigt mir nicht ohne Stolz die diversen Glückwunschkarten aus den vergangenen Jahren, signiert von den verschiedenen Bürgermeistern. »Natürlich bleiben wir hier. Unsere Kinder und Enkel sind alle in Deutschland.«

Und wenn die zu Besuch kommen, gibt es für jeden dunkle Hausschuhe. Meine, die mir gleich vor die Füße geschoben werden, als ich den Flur betrete, passen perfekt. An den Wänden im Haus taucht immer wieder das gerahmte gemalte Porträt des Imam Ali auf. »Wir sind Aleviten, was im Arabischen so viel heißt wie Anhänger Alis. Ali war der Vetter und Schwiegersohn des Propheten Mohammed und ist eine zentrale Figur des Islam«, erklärt er. Ali trinkt ab und zu in geselligen Runden ein Gläschen Alkohol. Und Schweinefleisch haben sie auch schon probiert, doch es schmeckte ihnen überhaupt nicht.

Wenn zu Festen das Haus voll ist, herrscht ein wahnsinniger Geräuschpegel. Doch oft sind die beiden unter sich, und es ist stiller geworden im Haus. Vor zehn Jahren zog das letzte Kind aus, und zumindest Hanım kochte ohne Unterbrechung weiter, denn nun gab es die Kinder der ältesten Tochter, die in der Nähe wohnten und mittags bei Oma ihr Essen bekamen. »So ganz allein waren wir also nie.«

Heute gibt es im Haus diese Momente der Ruhe, Momente, in denen beide schweigen. Wenn Paare schweigen, gingen, zumindest bei mir, bisher immer die Alarmglocken los. Hat man sich etwa nichts mehr zu sagen? Wenn Paare im Restaurant zwanzig Minuten ihre Dorade essen, ohne ein Wort zu wechseln, wertete ich das immer als eher schlechtes Zeichen, denn von meinen Großeltern hatte ich gelernt, dass rege Konversationen bis ins hohe Alter der Garant einer guten Beziehung sind. Schweigen dagegen war ein Synonym für: Uns sind die Themen und gemeinsamen Interessen ausgegangen. Und nun sitze ich bei Ali und Hanım in der großen Küche und erlebe, wie falsch ich lag. Bei den Gülers herrscht eine Ruhe, die man sich gestatten kann, weil man den ganzen Reichtum des gemeinsam Erlebten und

Durchlebten teilt und in sich trägt. Situationen, in denen das Schweigen nicht bedeutet, dass sie nicht mehr wissen, worüber sie als Nächstes reden sollen. Manchmal unterhalten sie sich den ganzen Tag nur über seinen Diabetes, den sie genauestens im Blick behält und sich aufregt, wenn er wieder zu viel von unerlaubten Dingen gegessen hat. »Die beiden sind sehr, sehr fixiert aufeinander, das merkt man jetzt erst recht im Alter«, sagt eine der Töchter leise. »Sie sind wie Zwillinge, sie können nicht mehr ohne den anderen.«

Nachdem, was ich von Ali und Hanım weiß und wie ich sie nun an diesem Tag gemeinsam erlebe, habe ich beinahe etwas Scheu, sie nach der Liebe und den großen Gefühlen zu fragen. »Sagen Sie ›Ich liebe dich‹ zueinander?« Eine Frage, auf die die meisten der besuchten Paare wie selbstverständlich mit dem Kopf nicken und detailliert ausführen, wie oft und in welcher Variation. Bei den Gülers wird zunächst einmal geschwiegen, sie verzieht ein wenig das Gesicht. »Wir haben einfach nicht gelernt, so etwas zu sagen, weshalb wir uns auf eine Art fast schämen, es auszusprechen«, sagt Ali und lächelt hilflos. »In unseren zweiundfünfzig Jahren Ehe haben wir diesen Satz wirklich nicht oft in den Mund genommen, aber es war immer klar, dass es so ist. Liebe muss man nicht besprechen.«

Die anwesenden Töchter bestätigen, dass sie noch nie erlebt haben, wie die Eltern diesen Satz zueinander sagen. Ali und Hanım schauen auf ihre Kuchenteller und schweigen. Es ist ein schönes Schweigen, in dem kein Funken Scham oder gar Enttäuschung darüber steckt, dass sie sich gegenseitig vielleicht nicht oft und eindringlich genug zeigen, was sie füreinander empfinden. Auch haben ihre Töchter noch nie bewusst gesehen, dass ihre Eltern sich küssen. Nicht einmal einen flüchtigen, unsinnlichen Kuss, den man sich vor dem Einschlafen oder morgens an der Türschwelle gibt.

Wie wichtig sind diese Gesten, die auch sehr westlich konnotiert sind, eigentlich für eine Beziehung? Man küsst sich als Paar in sehr vielen Kulturen, doch das Küssen als Akt in der Öffentlichkeit wird nicht überall so offen zelebriert wie beispielsweise in Deutschland. Was mich fasziniert, ist, wie stark die Zuneigung zwischen diesen beiden ist, ohne dass sie die gewohnten Liebkosungen dazu brauchen. Als wir schließlich über Kosenamen sprechen und ich ihnen erzähle, dass manche der besuchten Paare gleich vier Variationen für den anderen parat haben, sagen sie etwas Beeindruckendes: »Da man früher diese Dinge aus Erziehungsgründen nie gesagt hat, kommt man jetzt, wo man es dürfte, irgendwie auch nicht mehr auf die Idee, plötzlich damit anzufangen.« Und so bleiben sie bei »Baba« und »Dede« – »Oma« und »Opa«.

Wir sind inzwischen aus der Küche ins Wohnzimmer umgezogen, und die beiden sitzen nebeneinander auf der kleinen Bank vor dem rustikalen Kachelofen. Sie schauen einander an, ohne sich dabei wirklich anzuschauen. Das bloße Nebeneinandersitzen schafft zwischen diesen beiden eine unbeschreibliche Intensität und Wärme. Keine Arme, die sich umeinander legen, Hände, die sich fassen, Lippen, die sich berühren. Die wahre Nähe entsteht hier durch das schiere und vertraute Beieinandersein, jeder für sich und doch beide ganz symbiotisch miteinander. Die Hände haben beide fast kindlich schüchtern auf die eigenen Knie gelegt. In dieser zurückgenommenen Körpersprache und einer über Jahrzehnte gelernten und verinnerlichten Diskretion steckt etwas sehr Starkes und Schönes. Man ist zurückhaltend, doch alles andere als zurückweisend.

Ich erinnere mich an einen Besuch bei der Familie meines Mannes in Khartoum im Sudan. Als Paar lief hier natürlich niemand öffentlich ineinander verschlungen durch die Straßen, man wäre niemals Zeuge von Knutschereien oder sogar einem harmlosen Kuss zwischen Mann und Frau geworden. Folglich durfte auch ich meinen Partner den ganzen Tag draußen unterwegs nicht wie gewohnt an der Hand fassen. Und nicht wenige, denen ich davon erzählte, reagierten reflexartig ablehnend. Diese arabischen Länder, alles sei verboten! Doch ich empfand es anders. Dieser Verzicht war unheimlich ungewohnt. Doch er ließ auch eine Sehnsucht wachsen und, das empfand ich als entscheidend, den Moment der Berührung zu etwas ganz Kostbarem und Besonderem werden. Ein wenig so, wie es die tragischen Figuren historischer Dramen beschreiben. Das monatelange Warten, bis sie sich endlich berühren dürfen. Vor der derzeitigen Debatte um das elementare Recht nach sexueller Selbstbestimmung wirken diese Geschichten von Verzicht und der respektvollen Sehnsucht eines Paares nach lediglich einer Berührung wie aus der Zeit gefallen. Verzicht wirkt heute, als betrüge man uns um das, was einem im Überfluss zusteht.

Die Gülers dagegen wirken nicht wie ein Paar, das aufgrund der Entscheidungen, die über ihre Köpfe hinweg gefällt wurden, auf vieles verzichten musste. Und natürlich liegt das vor allem am großen Glück, dass sie sich von Anfang an gut verstanden haben. Erst als Menschen, dann als Partner. Und allein dafür sind sie bis heute unendlich dankbar, denn sie kannten um sich herum natürlich die Fälle, in denen Frauen und Männer verheiratet wurden, die sich noch nie zuvor im Leben gesehen hatten, die keine gemeinsamen Interessen und Wünsche teilten.

Ich möchte von den beiden wissen, warum sie meinen,

dass viele Beziehungen heute nicht mehr halten, und finde vor allem Hanıms These interessant. »Die gucken sich das voneinander ab, die Einfachheit, sich zu trennen. Der eine macht es, dann motiviert das auch die anderen.« Interessant finde ich diese Beobachtung innerhalb des kulturellen Kontextes, aus dem Hanım kommt. Aufgewachsen zu sein in einer Zeit und einer Gesellschaft, in der man noch nicht einmal an die Idee der freien Partnerwahl, geschweige denn die Erlaubnis zur Trennung denken durfte, wo die eigene Entfaltung vor allem als junges Mädchen oft nur unter der Aufsicht der Erwachsenen stattfand.

Zwar stecken wir nun in eher bedeutungsschweren Themen, doch ich habe den Eindruck, dass die beiden im Verlauf unseres Gesprächs immer munterer werden, beinahe albern. »Die nehmen sich selber nicht ernst, auch wenn sie so wirken«, warnt eine Tochter. Auf die Frage schließlich, was sie aneinander mögen, kommt nur noch Kichern. »Unsere Eltern wurden solche Dinge noch nie gefragt, weshalb sie nun ein bisschen reagieren wie zwei Teenager.« Hanım sagt, sie finde ihren Mann manchmal zu naiv, er glaube zu vielen Leuten zu schnell zu viele Dinge. »Aber was mir an ihm gefällt? Wir sind nach wie vor zusammen, also gefällt er mir noch.« Punkt. Ihr Mann dagegen zählt auf die Frage plötzlich Dinge auf, die derart überzogen konservativ klingen, dass die Töchter vor Schreck die Hände vor den Mund nehmen. »Ich fand es immer gut, dass sie nicht so abenteuerlustig ist und nie so viel raus wollte, in die Diskothek und solche Dinge.« »Bitte, Papa! Was redest du da? Und überhaupt, als hätte sich unsere Mutter jemals für die Disco interessiert.«

Sie fällt ihm ins Wort und zählt auf, was sie gern von ihm hören würde: »Ich kann gut kochen, ich bin verständnisvoll, habe ein großes, starkes Herz …«

Ich sitze mittendrin und finde es faszinierend, dass in einer Familie, in der die Erziehung zumindest der Eltern lange Jahre von Verzicht und Kontrolle bestimmt war, eine dermaßen entspannte Offenheit stattfinden kann. Dass dieses Paar es geschafft hat, den Töchtern etwas vorzuleben, was für Außenstehende vielleicht nicht offensichtlich nach der großen Liebe ausschaut, sich aber exakt so anfühlt. Und das Ganze ohne Schwüre und große Worte. Sondern durch das Wissen: Der andere war schon bei mir, bevor ich überhaupt wusste, was Liebe ist. Sie verstehen sich, weil sie seit Jahren ein eingespieltes Team sind. Im Alltag bedeutet das ganz praktisch, dass sie kocht und er die Räume auf Hochglanz bringt und den Tee macht. »Wenn das alles läuft, streiten wir nicht.«

Als ich in die muntere Albernheit der beiden schließlich die obligatorische Frage nach dem »Lernen von den Alten« stelle, einen Rat, den sie vielleicht ihren Töchtern mitgegeben haben in Bezug auf eine gute Beziehung, werden sie ernster. Es ist Hanım, die ihre Gedanken dazu plötzlich, ohne groß nachzudenken, wie ein Mantra hinausfeuert, so, als hätte es ihr schon seit langem auf der Zunge gelegen: »Respektiert euch. Betrügt euch nicht. Hört einander zu. Lügt einander nicht an und sprecht miteinander, damit ihr auf dem gleichen Weg bleibt. Aber das Wichtigste ist vielleicht der gegenseitige Respekt.« Sie schaut kurz ihren Mann an, der nickt und beendet den Gedanken: »Wir können uns gegenseitig Sachen sagen, die dann auch befolgt werden. Wenn sie sagt: Mach das bitte, dann mache ich es auch. Wenn ich ihr sage: Mach das bitte, macht sie es auch. Das funktioniert bei uns schon sehr, sehr lange sehr gut.«

NACHWORT

Sich zu verknallen ist einfach. Rumms. Es passiert, man muss nur mit halbwegs offenen Augen durchs Leben gehen, den Rest erledigt die Biochemie des Körpers. Der schwierige Teil ist, diese Beziehung aufrechtzuhalten, sie wachsen zu lassen und nebenher auch noch als Paar sensibel und neugierig zu bleiben. Der Körper altert, aber die Seele kann jung bleiben wie die eines Zwanzigjährigen … wenn man offen bleibt wie ein Zwanzigjähriger.

In den vergangenen zwölf Monaten habe ich viele Paare besucht, denen genau dieser Balanceakt gelungen ist und immer noch gelingt. Jahrzehntelange Zweisamkeit auf der Schwäbischen Alb ebenso wie im 14. Stock eines Apartments in Manhattan. Menschen, die seit fünfzig, sechzig, ja teilweise siebzig Jahren ihr Leben miteinander verbringen und bei denen die Liebe nie wirklich alt geworden ist. Ich saß vor 95-Jährigen, die miteinander redeten, als seien sie sich vor neun Wochen erst begegnet. All diese Paare waren und sind offen gegenüber der Tatsache, dass nicht nur sie sich verändern, ihre Liebe und Beziehung tut es auch. Bei manchen von ihnen war die Liebe zu Anfang intensiv und sehnsüchtig. Bei anderen ist sie das erst seit ein paar Jahren. Wieder Dritte zelebrieren einen liebevollen Pragmatismus. Definitiv bei allen entwickelte sich die Liebe im Laufe der gemeinsamen Zeit in etwas zutiefst Kameradschaftliches. Geprägt von Zuneigung, Hingabe und Vertrauen.

Doch was ist Liebe? Sie ist nicht ordentlich messbar (glücklicherweise!), man kann sie kaum mit naturwissenschaftlichen Methoden untersuchen. Das Machtvolle der Liebe drückt sich dagegen unmissverständlich aus in Gefühlen, in Worten und Taten. Habe ich durch meine Stunden an Gesprächen mit diesen Paaren am Ende also mehr über die Liebe erfahren? Wie man sie hält, wann man sie zu sehr und wann man sie zu wenig pflegt? Muss man sie überhaupt pflegen wie das anspruchsvolle Basilikum auf der Fensterbank?

Ich habe verstanden, dass die Liebe nicht immer und konsequenterweise als irre sprudelnde Quelle beginnt und mit der Zeit zwangsläufig und seelenruhig dahinfließt wie ein ruhiger Fluss. Es gibt Beziehungen, in denen die Liebe eine über sechzig Jahre lange Freundschaft ist, als solche begann und eine solche bleibt. Oder andere, bei denen jene Leidenschaft und glühende Zuneigung, die man jung Verliebten nachsagt, plötzlich im hohen Rentenalter beginnt: Zwei Menschen, die sich Jahrzehnte lang kannten und mit einem Mal anblicken, als sähen sie einander das erste Mal. Ein Paar zelebriert die unerträglich schönen Schwüre und großen Worte, während ein anderes den Satz »Ich liebe dich« noch nie bewusst in den Mund genommen hat.

Die Spielarten lebenslanger Liebe, das ist mir durch die Arbeit an diesem Buch wohl klar geworden, sind so vielfältig wie die zwei, die sie beherrschen. Die Paare, mit denen ich mich unterhalten habe, könnten diverser in ihren Biographien nicht sein, manche ohne Kinder, die anderen mit ganz vielen, gleichgeschlechtlich oder mit großem Altersunterschied. Was sie am Ende aber alle vereint, ist die immense Erfahrung, die sie durch ihre Beziehung gemacht haben. Denn sie alle, so unterschiedlich sie sich der Vorstellung von Liebe auch nähern, sind zusammengeblieben und wirkten allesamt mit dieser Entscheidung ausgeglichen und zufrieden. Natürlich gehören diese Paare zu einer Generation, in der es Zeiten gab, in denen man auf alles verzichten musste. Zeiten, in denen »Wir hatten nichts« bedeutete, dass sie wirklich nichts hatten, außer sich. Der Satz »In Zeiten während und nach dem Krieg hätte man es allein gar nicht geschafft« rückt die Idee von Beziehung noch einmal in ein ganz anderes Licht. Hier ging es um wahre Dramen, um Situationen und Entscheidungen, denen man auch mit einer gewissen Spur von Pragmatismus begegnen musste. Die Erwartungen an eine Partnerschaft waren elementar: Natürlich war man verliebt in den anderen, aber man scannte ihn nicht von Sekunde eins an durch, ob er möglichst in allen Aspekten perfekt zu einem passte. Viel wichtiger war, dass man gemeinsam die wirtschaftliche Not besser durchstehen konnte.

Dass man sich verstand, verdankten diese Paare nicht immer dem glücklichen Zufall, dass man charakterlich besonders gut harmonierte. »Man schleift sich irgendwann gegenseitig ab«, beschrieb es der fast neunzigjährige Adolf Billina in seinem Münchner Seniorenstift. Eine für unsere Ohren vielleicht wenig angenehm klingende Interpretation von »Man gleicht sich mit der Zeit einander an«. Aber es ist etwas, das in der Praxis bei allen Paaren mit viel Arbeit verbunden war und, das ist wichtig, von beiden Partnern ausgehen muss. Beide müssen aufeinander zugehen, beide müssen aufeinander hören. Beide müssen sich irgendwann verändern und bewegen, damit sich nicht nur der eine beim anderen »abschleift«. Gerade diese Bereitschaft beider Partner hätte ich bei der älteren Generation nicht erwartet, bei denen noch klar war, dass Rollen sehr viel starrer waren und im Zweifelsfall die Frau den Kürzeren zog. Ich hatte befürchtet, dass die Beziehungen dieser Paare nur deshalb über Jahrzehnte funktionierten, weil die Rollen klar verteilt waren und einer von beiden immer ein bisschen mehr nahm als er gab. Doch eben das ist nicht der Fall. Eher ist mir im Laufe der Gespräche aufgefallen, dass sie sich nach den vielen Jahren Beziehung immer noch interessant und begehrenswert finden, weil die Rollen mit gegenseitigem Respekt verbunden sind. Sie nennt ihn, der hart auf der Werft anpackt, ihren Schiffsbaumeister. Er sieht in ihr, die die gemeinsamen sechs Kinder großgezogen hat, seine Heldin der Arbeit. Gleich mehrere Männer waren zutiefst enttäuscht, dass ihre Partnerin nie studieren konnte. Wieder andere waren fähig, im Alter aus ihren alten patriarchalen Rollen herauszutreten und gemeinsam mit der Frau eine neue Beziehung innerhalb der Beziehung zu beginnen. Oder es wurden die Rollen im Alter plötzlich einfach getauscht, und er kocht. Sie dagegen macht für beide nun alles am Computer.

Diese Paare, zum Teil weit über neunzig Jahre alt, haben gerade durch ihr langes Zusammensein gelernt, offen zu sein für die Entwicklung ihrer Liebe. Zu schauen, was kommt.

Magda Kreischer aus Baerl gab mir noch ein »Halten Sie durch! Es wird wunderbar« mit auf den Weg. Das jagt meiner Generation einen Schauer über den Rücken. Liebe und Durchhalten, wie passt das zusammen? Diese Paare haben gleich zu Anfang ihrer Beziehung als junge Leute durchhalten müssen. Und natürlich schweißt das zusammen. Doch sie erzählten mir, dass auch die Schicksale im Alter wichtige Stationen sind, die einen enger zusammenrücken lassen. Man will den anderen nicht verlieren. Oder aus der Position des Kranken: Man spürt, wie intensiv, eben voller Liebe, der andere sich im Moment der Not um einen kümmert. Einen körperlich und seelisch pflegt. Was die reizende Dame mir mit dem »Halten Sie durch!« eigentlich mit auf den Weg geben wollte, war ein kostbarer Erfahrungswert, der in seinem Kern absolut einfach ist: In Momenten, in denen sich die Beziehung in einer Art Tal, einer schlechten Lage befindet, ist es wichtig, sich zu erinnern, dass es auch wieder tiefe, wunderschöne Momente geben wird, solange man nicht aufhört, sich gegenseitig zu respektieren und lieb zu haben. Verlangt wird nicht mehr als ein Vertrauen in die Stärke der Beziehung. Vertrauen, dass man auf die gemeinsame zurückliegende Erfahrung bauen kann.

Eigentlich wollte ich es vermeiden, in diesem Buch mit einer To-Do-Liste zu enden. Aber ich tue es trotzdem. Es ist eher ein kurzes Hineinrufen von Begriffen, die hängenbleiben können.

Respekt

Einstimmig das Wichtigste. »Wenn sie sagt, mach das, mache ich das. Wenn ich ihr sage, mach das, macht sie das«, brachte es Ali Güler perfekt auf den Punkt. Das klingt erst einmal hart, denn wäre Respekt nicht eher: »Wenn sie sagt, dies und jenes möchte ich machen, dann ist das ok für mich.« Doch ich finde, sein Kommentar bringt es insofern auf den Punkt, da der Alltag natürlich von eigenen Wünschen bestimmt ist, die respektiert werden wollen. Aber eben auch von dem Wunsch, dass der Partner im ganz Kleinen und

Großen Opfer bringt. Und beide es gerne füreinander tun.
»Alle bringen heute ihren eigenen raumeinnehmenden Lebensstil mit in die Beziehung und die Vorstellung, dass man diesen eigenen Lebensstil mit allen Vorzügen und Freiheiten einfach so weiterführen kann, auf nichts verzichten muss. Aber so kann man nicht siebzig Jahre lang eine Ehe führen«, sagte der über neunzigjährige Georg Kreischer. Verzicht gehöre zu einer Beziehung und betreffe beide Partner. Es kann Phasen geben, in denen einer mehr Energie in die Beziehung steckt als der andere. Aber es muss sich auch wieder ändern, und man sollte als Paar sensibel dafür sein, wann einer zu viel gibt und der andere zu viel nimmt. Ein bewusster Balanceakt also.

Reden

Man kennt sich so lang und versteht sich oftmals fast ohne Worte. Doch selbst das ruhigste Paar verriet mir, wie entscheidend eine gute Konversation und das gegenseitige Zuhören sind. Und mit Zuhören meinen die Paare wirkliches Zuhören, ohne wissen zu meinen, was der andere gleich sagen will.

Wertschätzung

Es ist der Wert der Beziehung, den diese Paare erkannt haben. Diese Beziehung ist mir etwas wert, und deswegen nähere ich mich dieser Beziehung ebenso an wie der andere. Die Wertschätzung der Beziehung, des Partners, seiner Gedanken und der Tatsache, dass er oder sie das Leben mit einem teilen möchte, sind für eine lange Beziehung unerlässlich.

Toleranz

Zu wissen, was der andere liebt oder unter Liebe versteht, ist ein wunderbares Werkzeug bei der Arbeit an einer erfolgreichen Partnerschaft. Aber mit diesem Wissen klug umzugehen, ist wohl der entscheidende Schritt. Was mir diese Paare allesamt gezeigt haben, ist ihre extreme Toleranz, wenn es um die Bedürfnisse des anderen geht. Der Wunsch, das Denken des anderen zu verstehen, anstatt sich gleich darüber aufzuregen. »Man muss nicht einer Meinung sein, aber versuchen, die des anderen zu akzeptieren«, so der Rat des fast 93-jährigen Herbert Baumann.

Pflege

Das ist etwas, dessen Relevanz mir nie so klar war. Ich hatte mir eine gute Beziehung unbewusst wohl immer wie einen Hightech-Backofen vorgestellt, der sich selber reinigt. Doch wer vorhat, siebzig Jahre mit einem Menschen zu verbringen, muss sehr viel Arbeit investieren und darf sich als Paar niemals aus den Augen verlieren, bekommt aber im besten Fall die wertvolle Zeit eines gemeinsamen Lebens »ausgezahlt«.

Etwas Neues tun

Neue Erfahrungen und Erlebnisse können auf eine lange Partnerschaft wie ein aufputschender Drogencocktail wirken: Das Belohnungsareal des Gehirns wird überschwemmt mit dem Botenstoff Dopamin. Ähnliches passiert, wenn man frisch verliebt ist. Bei den Baumanns aus München, die sich nach einer jahrzehntelangen Beziehung das erste Mal richtig ineinander verliebten, konnte man diesen Effekt beobachten. Und manchmal sind es nicht einmal die offensichtlich positiven, aktiv angeschobenen Erlebnisse, die einem die Augen öffnen und Bewegung in die Beziehung bringen. Erst ihre Krankheit öffnete allen beiden die Augen, verrieten mir die Baumanns. »Es war wie ein Geschenk.«

Entspannt Euch!
Im Grunde konnten alle Paare den Druck nicht nachvollziehen, mit denen Menschen heute in eine Beziehung gehen. Den Katalog an Ansprüchen an den anderen, der in wirklich jedem Detail perfekt zu einem passen muss. Den perfekten Katalog entwickelt man gefälligst gemeinsam.

DANK

Danke an meine Großeltern Irmel und Paul. Ihnen hätte ein Buch über ihre Liebesgeschichte sicher gefallen, und ohne sie wäre dieses Buch nie entstanden.

Danke an alle Paare. Danke, dass sie mir ihre Zeit und ihr Vertrauen geschenkt haben. Dass ich so tief in ihr gemeinsames Leben blicken durfte.

Danke an meine Familie.

Danke an die vielen Leute, die mir bei der Entstehung des Buches geholfen haben, Dagmar Schulz, Nina Bindl, Inci, Sepahe, Anna, Marjana.

Danke Gila. Danke Miriam. Danke Katharina.

NACHWEISE

Die folgenden Fotografen haben die Paare porträtiert:

Julia Grosses Großeltern: Fotos aus Privatbesitz

Herbert und Marianne Baumann: Florian Bong-Kil Grosse, München, 2017

Blanche Wiesen Cook und Clare Coss: Benedict Evans: New York, 2017

Rissa und K.O. Götz: Karsten Thormaehlen, Niederbreitbach-Wolfenacker, 2009

Magda und Georg Kreischer: Florian Bong-Kil Grosse, Baerl am Niederrhein, 2017

Ali und Hanım Güler: Florian Bong-Kil Grosse, Obernheim, Schwäbische Alb, 2017

Die den Kapiteln vorangestellten Zitate stammen aus den folgenden Werken:

Seite 5: D'Angelo, *Higher* aus dem Album *Brown Sugar*, © Virgin (Universal Music) 1995

Seite 19: Pet Shop Boys, *Love Etc.* aus dem Album *Love Etc.*, © Parlophone 2009

ENDNOTEN

1 Patrick Süskind, *Über Liebe und Tod,* Zürich, 2006

2 Hermann Hesse, *Stufen,* Berlin, 2011

3 Peter Lauster, *Die Liebe. Psychologie eines Phänomens,* Reinbek bei Hamburg, 1982

4 Prinzip der relativen Gleichheit: de.wikipedia.org/wiki/Prinzip_der_relativen_Gleichheit

5 welt.de/print/welt_kompakt/vermischtes/article113619966/270-Sekunden-Aufmerksamkeit-am-Tag-reichen-fuer-eine-dauerhaft-stabile-Beziehung.html

6 nytimes.com/2016/11/20/books/review/eleanor-roosevelt-the-war-years-and-after-blanche-wiesen-cook.html (aufgerufen am 01.12.2017)

7 welt.de/debatte/kommentare/article163404606/Oesterreichisch-ist-das-schoenere-Deutsch.html

8 Hans Jellouschek, *Liebe auf Dauer: Die Kunst, ein Paar zu bleiben,* Zürich / Stuttgart, 2004

9 zeit.de/2014/50/feminismus-literatur-barbara-vinken